EL VIAJE DE LA VIDA

EL VIAJE DE LA VIDA
(VOLÚMEN 1)

JON F. GLEMAN

CITIOFBOOKS, INC.
3736 Eubank NE Suite A1
Albuquerque, NM 87111-3579
www.citiofbooks.com
Hotline: 1 (877) 389-2759
Fax: 1 (505) 930-7244

Información sobre pedidos:

Ventas por cantidad. Las empresas, asociaciones y otras entidades pueden beneficiarse de descuentos especiales en la compra de cantidades. Para más detalles, póngase en contacto con el editor en la dirección arriba indicada.

Impreso en los Estados Unidos de América.

ISBN-13:   Tapa blanda   978-1-963209-58-7
                Libro electrónico   978-1-963209-59-4

Número de control de la Biblioteca del Congreso: 2024902077

Las memorias de Gleman comparten las alegrías de un niño que alcanzó la mayoría de edad en el Miami de los años 50 y 60 y que sentía un profundo amor por el mundo natural. Biólogo y ecologista, el autor dirigió y gestionó una pequeña librería de venta por correo sobre ciencias naturales, llamada The Naturalist Bookshop, antes de una carrera de veintiséis años como ingeniero de Boeing en el Centro Espacial Kennedy. Tras dedicarse a la gestión arquitectónica, fundó con sus hijos un taller de carpintería que, curiosamente, creó objetos para Disney World y Universal Studios.

Gleman afirma que su "amor por la naturaleza y la interacción con el medio ambiente" han sido fundamentales en su vida, y comparte anécdotas de la huerta de su madre, el "profundo y duradero efecto" que los libros de Rachel Carson tuvieron en su visión del mundo, y fascinantes anécdotas de su carrera, acompañadas de fotografías. Trozos de poesía y citas que van desde Carl Sagan a Winnie-the-Pooh enriquecen y pueblan sus memorias. Y a lo largo del viaje prevalece un optimismo positivo y humilde.

El libro de Gleman es una dedicada, sana y profunda proclamación de amor y respeto por la Madre Naturaleza. Gleman se detiene a menudo a reflexionar sobre la belleza del océano, en especial de su amada playa familiar de Folly Beach (Carolina del Sur) y su majestuosa vida acuática, y dedica una atención casi sagrada al milagro cotidiano de la naturaleza: la salida del sol. "El amanecer nos proporciona cada día un lienzo nuevo", escribe Gleman, "y una oportunidad para llenar nuestras mentes y corazones con la belleza y la maravilla que nos rodea". Aunque no es un libro de poesía, gran parte de su obra se lee como poesía de la naturaleza, y éste es un sello entrañable de un caballero para quien, al crecer, "la naturaleza fue siempre nuestro patio de recreo."

- JONAH MEYER
Revisor de libros de EE. UU. (2023)

Contents

Dedicatoria 7

Agradecimientos 9

Sobre el autor 11

Introduccion 13

Pasaje 1

Comienza el viaje de Jon 15

Mi primer jardín 17

Abriendo puertas 20

Pasaje 2

Un solo paso.. 22

Úsalo... 27

Fiebre del mar 29

Pasaje 3

Hermanos mayores.. 32

Sentado en el cactus y aullando 34

¿Qué hay en el mundo? 36

Pasaje 4

Si estás saltando, estás sonriendo 39

Algo deseado 41

Desiderata de Max Ehrmann 41

Canción de la mañana.. 44

PASAJE 5

Recuerdo de Folly Beach - Parte I 45

Folly Beach en el recuerdo - Parte II 47

Folly Beach Recordado - Parte III 49

PASAJE 6

Dime otra vez, ¿por qué me hice corredor de fondo? 51

Eclipse total de Sol, 1972 54

"¿Qué estás buscando, amigo?" 58

PASAJE 7

Owen Gromme 60

Ardillas de cola naranja 62

Sólo un pájaro 64

PASAJE 8

Todos necesitamos nuestro propio espacio 66

Una imagen vale más que mil palabras 68

Las bellas orillas de Loch Lomond 73

PASAJE 9

Creciendo 76

Wiglaf - Esperanza de futuro 78

Poesía antigua 80

PASAJE 10

A todos nosotros 82

Domingo serpentino 87

El viaje de la vida (inacabado) 90

DEDICATORIA

A mi madre. Gracias por abrirme tantas puertas.

Agradecimientos

A mis hijos, Adam y Adrian, que han dado sentido y propósito a mi vida y han hecho que mi viaje sea mucho más interesante de lo que jamás hubiera imaginado.

A mi madre, Jane, que siempre me animó a ser lo mejor que podía ser.

A mis hermanos y hermanas, Mary, Stuart, Suzie, Mike, Pete y Mark, que realmente han sido mejores que superhéroes para mí.

A todos mis profesores y mentores que enriquecieron el camino de mi vida. Que me ayudaron a ver la maravilla de todo ello.

Al grupo editorial de Citi of Books.

Y, por último, a mi viaje inacabado y al tuyo. Que sigas proporcionando amor, alegría, asombro y paz en la medida de lo posible.

Sobre el autor

Jon Gleman nació en las afueras de Charleston, Virginia Occidental. Su familia se mudó de Charleston cuando él tenía poco más de un año e hizo un par de paradas en su viaje hacia el Sur antes de establecerse en Miami, Florida, cuando él tenía seis años. Estas paradas y el hecho de crecer en Miami en los años 50 y 60 cimentaron su amor por la naturaleza.

Jon ha tenido varias carreras durante su viaje. Se licenció en biología por la Universidad de Miami y trabajó como ecologista durante muchos años en las décadas de los 70 y 80. Durante este tiempo, creó y dirigió una empresa de ecoturismo. Durante este tiempo, creó y dirigió una pequeña librería de venta por correo sobre ciencias naturales, The Naturalist Bookshop. A mediados de los 80, dio un giro radical a su carrera y trabajó durante 26 años para Boeing en el Centro Espacial Kennedy como ingeniero y más tarde como directivo. A continuación, ocupó un puesto directivo en una prestigiosa empresa de arquitectura e ingeniería de Orlando. Durante este tiempo, puso en marcha una carpintería personalizada, Gleman and Sons Custom Woodworks, con sus hijos, que proporcionó muchos artículos únicos y extraordinarios para particulares, así como para empresas como Walt Disney World y Universal Studios en Orlando.

Jon está jubilado y dedica su vida a concienciar sobre lo afortunados que somos de vivir en nuestro planeta, la Madre Tierra, y sobre la responsabilidad que tenemos de proteger y preservar nuestro hogar.

INTRODUCCION

No importa en qué parte del planeta vivas, hay algo en lo que todos debemos estar de acuerdo. Puede que sea la decisión más importante que tome jamás la humanidad. El tiempo se acaba y no tendremos una segunda oportunidad. Nuestro planeta, la Madre Tierra, nos está hablando. En este momento, nos está implorando que pongamos las cosas en su sitio, que dejemos de ensuciar y contaminar nuestro hogar, el planeta en el que vivimos, junto con todos nuestros compañeros nacidos en la Tierra. Esto tiene que parar, o la vida tal y como la conocemos cambiará a peor. Ya lo está haciendo.

Algo que ha formado parte de mí desde mi más tierna infancia es mi conexión con la naturaleza y el mundo que me rodea. En muchos sentidos, formar parte de la naturaleza, estudiarla y comunicarme con ella ha sido el trabajo de mi vida. Y creo que ha llegado el momento de compartir mi viaje con ustedes.

Soy licenciado en biología por la Universidad de Miami y he trabajado como ecólogo durante muchos años. También tengo una amplia experiencia en ingeniería de controles eléctricos. Una cosa que la ingeniería de control eléctrico te enseñará es que la retroalimentación es fundamental. La Madre Tierra nos ha estado informando constantemente sobre los problemas que los humanos hemos creado para nuestro planeta.

Jane Goodall (una de mis heroínas), en su último libro, The Book of Hope, A Survival Guide for Trying Times, compartió una serie de diálogos con el coautor Douglas Abrams, en los que da su opinión sobre los graves problemas a los que nos enfrentamos hoy en día.

"Doug, creo sinceramente que podemos cambiar las cosas. Pero -sí, hay un pero- debemos unirnos y actuar ahora".

Espero que estas historias de mi viaje les resulten entretenidas e instructivas. Te inspirarán para hacer todo lo que puedas para conectar con nuestros compañeros nacidos en la tierra y para restaurar, preservar y proteger nuestro hermoso hogar, la Madre Tierra.

PASAJE 1

Comienza el viaje de Jon

"Un comienzo es un momento muy delicado"

- Frank Herbert - Dune

Mi amor por la naturaleza y mi interacción con el medio ambiente han sido fundamentales en mi vida desde que tengo uso de razón. Llevo mucho tiempo en esto. Crecí en los años 50 y 60, así que este viaje no es tanto un comienzo para mí como el principio de compartir mis historias sobre mi interacción, comprensión y amor por la naturaleza. Es una historia sobre esa conexión con nuestro increíble planeta, la Madre Tierra, y todos los seres vivos que nos rodean (incluidas nuestras compañeras las plantas y los animales).

"Durante la mayor parte de la historia, el hombre ha tenido que luchar contra la naturaleza para sobrevivir; en este siglo, está empezando a darse cuenta de que, para sobrevivir, debe protegerla". -Jacques-Yves Cousteau. Cousteau es uno de los héroes de mi infancia. Nos hizo revivir la belleza y las maravillas de la vida submarina y nos ayudó a comprender mejor nuestro hogar, la Madre Tierra.

Trabajé como ingeniero para un contratista de la NASA en el Centro Espacial Kennedy como parte de nuestro programa espacial. La sonda espacial Voyager 1 tomó una foto de la Tierra desde aproximadamente 3.700 millones de kilómetros de distancia. La Tierra aparece en esa foto como un punto azul pálido. Carl Sagan señala que "en mi opinión, quizá no haya mejor demostración de la insensatez de los engreimientos humanos que esta imagen lejana de nuestro diminuto mundo. Para mí, subraya nuestra responsabilidad de tratar con más amabilidad y compasión a los demás y de preservar y apreciar el pálido punto azul, el único hogar que hemos conocido".

No puede haber esfuerzo más importante para la humanidad ahora que hacer precisamente eso. Preservar y proteger nuestro hogar, la Madre Tierra.

Mi primer jardín

"La vida empieza el día que comienzas un huerto"

- Proverbio chino

Cuando estaba en 2º de primaria, le pregunté a mi madre si podía cultivar un huerto. De vez en cuando me hablaba de su huerto en la granja donde había crecido. Yo quería cultivar mis propias verduras como mi madre.

Mi madre compró semillas de rábano, hicimos un pequeño huerto en el jardín y plantamos las semillas. En dos o tres días, las semillas de rábano brotaron y, antes de que me diera cuenta, tuve mi primera cosecha. Desde entonces, todos los años he tenido un huerto de algún tamaño. Mi madre plantó literalmente la semilla en mi mente y me ayudó a cultivarla. Se ha convertido en un empeño de toda la vida que me ha dado mucha alegría y una sensación de logro. También me ha proporcionado a mí, a mi familia y a mis amigos innumerables fanegas de hortalizas y frutas frescas cultivadas ecológicamente. Por el camino, también me ha enseñado que, al igual que un huerto necesita ser cultivado para producir las mejores y más sanas verduras, nuestras vidas también necesitan ser cultivadas para ser lo mejor que podamos ser y para ayudar a los demás a ser lo mejor que puedan ser.

"El amor por la jardinería es una semilla que, una vez sembrada, nunca muere".

- Gertrude Jekyll

Cuando mi hermana mayor se enteró de mi huerto, me habló de la jardinería ecológica. Me envió un ejemplar de 'Organic Gardening' de Rodale Press, y desde entonces soy jardinero ecológico. Para mí tenía y sigue teniendo mucho sentido. Los alimentos que comemos deben ser lo más puros y sanos posible, igual que el aire que respiramos y el agua que bebemos. Y no sólo para nosotros. Para todas nuestras plantas y animales. Todos nos lo merecemos como mínimo.

"Recuerda que los niños, los matrimonios y los jardines de flores reflejan el tipo de cuidados que reciben".

- H. Jackson Brown, Jr.

Creo que las mismas reglas que se aplican al cultivo de un huerto se aplican también a la vida.

1.) Un huerto requiere atención constante y cuidados cariñosos.

Lo mismo ocurre con las relaciones.

2.) Un huerto es dinámico. Sus necesidades cambian casi a diario. El tiempo, la tierra (demasiado seca, demasiado húmeda), el deshierbe e incluso el mero hecho de hablar con las plantas son algunas necesidades indispensables para ellas. Me empeño en hacer todo esto y más. Siempre lo he hecho.

Del mismo modo, nuestras relaciones también necesitan cambios y alimento a diario. Todo lo que se aplica a tu jardín se aplica también a tus relaciones. Aunque algunas sólo sean metafóricas.

3.) Atajar los problemas antes de que se hagan demasiado grandes. Es importante vigilar bien lo que ocurre en el huerto. Como ya he dicho, hablo con las plantas regularmente y, en cierto modo, ellas me contestan. Me doy cuenta de lo que va bien y de lo que puede ser un problema. Examino el jardín con regularidad y adopto medidas correctivas cuando es necesario.

La comunicación es un elemento clave en cualquier relación.

4.) Cultivar el huerto lleva tiempo. Requiere el compromiso de dedicarle el tiempo necesario. No hay atajos.

Tomarse el tiempo y dedicárselo es otro elemento clave en cualquier relación.

5.) La recompensa hace que todo el esfuerzo merezca la pena. Una abundante cosecha de verduras frescas es tu recompensa. No hay nada como un tomate cultivado en casa.

No se puede poner precio a una relación de amor y cariño.

¿No es curioso cómo unas pocas semillas plantadas en la mente de un niño de siete años pueden germinar en una cosecha tan abundante de lecciones de vida? Sin duda, mi madre sabía lo que hacía. Y yo que pensaba que sólo estaba plantando unas cuantas semillas de rábano en mi primer huerto.

Abriendo puertas

"Cuanto más claramente podamos centrar nuestra atención en las maravillas y realidades del universo que nos rodea, menos gusto tendremos por la destrucción".

- Rachel Carson

Uno de mis héroes de la infancia es Rachel Carson. Recuerdo que una vez, cuando tenía unos diez años, mi madre y yo estábamos en la sección de libros de unos grandes almacenes y, mientras ella miraba libros, yo encontré un ejemplar de *"El mar que nos rodea"* de Rachel Carson. Me senté y empecé a leerlo. Me atrapó desde la primera página. ¡Qué mundo tan maravilloso me abrió!

Para mi sorpresa y alegría incontenible, mi madre me lo compró. Era la edición impresa y relativamente cara, pero mi madre lo compró y yo no veía la hora de llegar a casa y leerlo de principio a fin.

Tuvo un efecto profundo y duradero en mí. Después de leerlo, decidí que quería ser bióloga marina.

La propia Rachael Carson era bióloga marina. Trabajó en la Oficina de Pesca de Estados Unidos, que más tarde se convertiría en el Servicio de Pesca y Vida Silvestre. Pero es sobre todo por sus escritos por lo que se la conoce.

Publicó tres libros sobre el mar: "Under the Sea-Wind" (Bajo el viento marino), "The Sea Around Us" (El mar que nos rodea), que se convirtió en un bestseller y ganó un premio nacional de literatura, y "The Edge of the Sea" (La orilla del mar). Estos libros no sólo ayudan a aumentar nuestra comprensión de los océanos, sino que también inculcan amor y aprecio por ellos. Ayudaron a cimentar mi amor por el océano y el mundo que nos rodea. Tanto es así que, como he dicho, fue gracias a sus libros que decidí hacerme bióloga para aprender todo lo que pudiera sobre nuestro increíble planeta y toda la vida que hay en él.

"Quien contempla la belleza de la tierra encuentra reservas de fuerza que perdurarán mientras dure la vida. Hay algo infinitamente curativo en

los repetidos estribillos de la naturaleza: la seguridad de que el amanecer llega después de la noche, y la primavera después del invierno".

- Rachael Carson

En 1962, Rachael Carson publicó "Primavera silenciosa". Este libro ayudó a difundir por todo el mundo los graves problemas que estábamos y seguimos creando con el uso de pesticidas y otros productos químicos relacionados en nuestro planeta y los efectos gravemente negativos que tiene la contaminación en el planeta y en todos los seres vivos.

Como jardinera ecológica y bióloga/ecóloga desde que tenía siete años, sus escritos me han inspirado profundamente hasta el día de hoy. Sus libros me han permitido apreciar el magnífico don que todos compartimos cada día de vivir en nuestro hermoso planeta Tierra y formar parte de la Madre Naturaleza.

Seguiré agradecido a mi madre y a Rachel Carson por haber convertido una simple compra en un acontecimiento que me cambió la vida. Gracias a las dos por abrirme esa puerta.

A lo largo de mi viaje he tenido la suerte de que la gente me abriera puertas y me permitiera ampliar mis horizontes y observar las cosas desde una perspectiva diferente porque se tomaron la molestia de abrirme una puerta. Escribiré sobre esas experiencias más adelante en este libro.

"Si un niño ha de mantener vivo su sentido innato del asombro, necesita la compañía de al menos un adulto que pueda compartirlo, redescubriendo con él la alegría, la emoción y el misterio del mundo en que vivimos".

- Rachel Carson.

PASAJE 2

Un solo paso

"Un viaje de mil millas comienza con un solo paso"

- Lao - Tzu

He tenido varias carreras a lo largo de mi viaje. Cuando era niño, mis hermanos y yo aprovechábamos cualquier oportunidad para pasar algún tiempo en los campos y bosques cercanos a nuestra casa. Íbamos a pescar siempre que podíamos. Nos encantaba estar al aire libre. Así que creo que es natural (valga el juego de palabras) que fuera a la Universidad de Miami y me licenciara en Biología, convirtiéndome así en bióloga, ecologista y naturalista. Después de graduarme, trabajé como ecologista durante muchos años en las décadas de los 70 y los 80.

Estudio Bentónico en Crystal River Florida

"En la naturaleza salvaje está la preservación del mundo".

- Henry David Thoreau

A continuación, creé y dirigí una pequeña librería de venta por correo sobre ciencias naturales. Esto fue a mediados de los setenta y hasta mediados de los ochenta. Me planteé ampliar la librería para vender otros artículos relacionados con la naturaleza además de libros, pero al final me decidí por otra carrera. Puede ser interesante saber que Amazon empezó en 1995. Yo diría que me adelanté un poco a mi tiempo, pero desde luego no tenía la visión de vender productos por correo a una escala como la que vende Amazon.

Librería The Naturalist Rock Oak West Virginia

A mediados de los 80, tomé un camino totalmente nuevo y empecé a trabajar en el diseño de controles eléctricos para un contratista de la NASA en el Centro Espacial Kennedy. Era una empresa totalmente nueva para mí que me planteaba muchos retos nuevos. También fue una gran oportunidad para aprender cosas nuevas y formar parte de algo mucho más grande que yo. Era la época en la que nuestro programa espacial empezaba a trabajar en los esfuerzos de apoyo necesarios para nuestra Estación Espacial. Fue un trabajo apasionante.

Panel de control del depurador Hypergol Centro Espacial Kennedy

Al principio no sabían qué título darme con mi licenciatura en biología, así que se decidieron por el de especialista técnico. Sin embargo, ascendí rápidamente en el escalafón de ingeniería y pasé progresivamente de ingeniero asociado a ingeniero, luego a ingeniero superior y, por último, a ingeniero principal de Boeing, y luego a directivo. Trabajé en el Centro Espacial Kennedy durante 26 años.

Hablando del Centro Espacial Kennedy, el 25 de mayo de 1961, el Presidente Kennedy se dirigió a una sesión conjunta del Congreso y propuso el escandaloso objetivo de llevar un hombre a la Luna antes de que acabara la década.

El escritor irlandés Frank O'Connor escribió que, de niño, él y sus amigos se desafiaban lanzando sus gorras por encima de un muro que parecía demasiado alto para escalar. Luego, para recuperar sus gorras, no tenían más remedio que seguirlas.

En su discurso de inauguración del Aerospace Medical Health Center de San Antonio el 21 de noviembre de 1963, el día antes de ser asesinado, el Presidente Kennedy hizo referencia a esta historia y concluyó su discurso con:

"Esta nación ha lanzado su gorra sobre el muro del espacio y no tenemos más remedio que seguirla".

- John F. Kennedy

Tras mi paso por el Centro Espacial Kennedy, pasé a ocupar un puesto directivo en una gran y prestigiosa empresa de arquitectura e ingeniería de Orlando. Allí desempeñé múltiples funciones. Me contrataron como Director de Control de Calidad, pero pronto empecé a supervisar su programa de gestión de proyectos. Inculqué un enfoque de gestión de la calidad total de sus productos de trabajo, como el utilizado en el Centro Espacial Kennedy, que se gestionaba a través de los directores de proyecto.

"No basta con hacerlo lo mejor posible; hay que saber qué hacer y luego hacerlo lo mejor posible".

- W. Edwards Deming

Durante este tiempo, mis hijos y yo pusimos en marcha un taller de carpintería a medida. Lo que empezó siendo un granero de postes en el patio trasero que cerramos y amueblamos con tres equipos de carpintería se ha convertido con los años en un próspero taller de carpintería y metalistería en unas instalaciones de 53.000 pies cuadrados. Muchas de las piezas se fabrican con madera recuperada. Por ejemplo, tablas retiradas de un granero o edificio de 100 años de antigüedad o madera aserrada de troncos de ciprés sumergidos en un río durante cien años.

En la actualidad, Gleman & Sons Custom Woodworks suministra numerosos artículos únicos y extraordinarios a particulares y empresas como Disney, Universal Studios, Darden Restaurants y Foxtail Coffee Shops.

Gleman & Sons Custom Woodworks Trabajos manuals

"La educación es el arma más poderosa que se puede utilizar para cambiar el mundo".

-Nelson Mandela

Así que vamos a ver si podemos cambiar un poco el mundo juntos y, con suerte, divertirnos un poco haciéndolo.

¡Tiremos todos nuestra gorra por la pared!

Úsalo...

Cuando crecí en los años cincuenta, la guerra, la Segunda Guerra Mundial, aún estaba muy fresca en la mente de todos. Recuerdo a mis padres y a mi abuela hablando del racionamiento de alimentos. Simplemente no había otras cosas que se utilizaban en la fabricación de nuestro equipo militar y para apoyar a nuestras tropas y a las de nuestros aliados.

Había algunas historias sobre la guerra en sí, pero no muchas. Uno de mis profesores de historia americana estuvo en batallas de tanques en Europa. Nunca habló de cosas concretas, sólo de que a veces hay que pagar un precio por nuestra libertad y que somos muy afortunados de tener la libertad que compartimos en este país.

Mi abuela tenía un dicho que nos repetía a menudo. "Úsalo, gástalo, haz que dure o prescinde de él". Esto se basaba sin duda en el lema de la Segunda Guerra Mundial de "úsalo, gástalo, hazlo durar o prescinde de él". Estamos muy lejos de los años 50 y de la Segunda Guerra Mundial, pero creo que este consejo es tan válido hoy como lo era entonces. Nosotros (me incluyo aquí) no lo practicamos tanto como deberíamos.

Mi primer coche fue una camioneta Chevy de 1951. Estaba en muy buen estado cuando lo compré en 1974. El motor necesitaba una reparación de válvulas, pero por lo demás, funcionaba bien. Mis hermanos mayores Stuart y Mike me ayudaron a desmontarlo y limpiarlo, que era lo primero que había que hacer, por supuesto. Podía estar literalmente de pie a ambos lados del motor mientras trabajaba en él. Tenía algunas peculiaridades, como los limpiaparabrisas. Funcionaban con el sistema de vacío del motor, de modo que cuando acelerabas, se ralentizaban y, cuando soltabas el acelerador, golpeaban la lluvia como locos, a una velocidad tres veces superior a la normal. En Miami, la mayoría de las veces esto no era un problema, pero cuando subías un paso elevado, reducían la velocidad a un galope, y podía resultar un poco difícil ver. Bajando por el paso elevado, estaba seguro de que los limpiaparabrisas iban a salir volando del parabrisas. Al final los cambié por limpiaparabrisas con motor eléctrico. Más seguro, pero no tan divertido.

El caso es que mi primer coche tenía veintitrés años cuando lo compré. Lo utilicé durante varios años antes de pasárselo a otra persona que le daría muchos más años de uso. Para mí, arreglar aquel viejo camión fue una labor de amor. Con todas sus peculiaridades, tenía personalidad y, por supuesto, ese aspecto de camioneta legendaria. Por otra parte, estaba poniendo en práctica el consejo que mi abuela nos dio a todos mis hermanos y hermanas y a mí tantos años antes. Creo que hoy en día no se puede encontrar mejor consejo que "Úsalo, úsalo, haz que dure o prescinde de él".

Nacido de la necesidad durante la Segunda Guerra Mundial, es un consejo que, si se sigue hoy, puede ayudar a cualquiera y, literalmente, al mundo entero de muchas maneras. La gente necesita tener un propósito y una sensación de logro. Averiguar cómo arreglar algo y hacer que dure hace precisamente eso. Y reutilizar algo, cuando tiene sentido, ayuda a mantener nuestro hermoso planeta más limpio y seguro, y más habitable para todos nosotros. Plantas, animales y personas. Una combinación difícil de superar.

Fiebre del mar

Uno de los poemas favoritos de mi madre era Sea Fever, de John Masefield. John Masefield fue un poeta y escritor inglés, y fue Poeta Laureado de Inglaterra desde 1930 hasta 1967.

Fiebre del mar

Debo bajar a los mares otra vez, al solitario mar y al cielo,

Y todo lo que pido es un barco alto y una estrella que lo guíe,

Y la patada de la rueda y la canción del viento y el temblor de la vela blanca,

Y una niebla gris en la cara del mar, y un amanecer gris.

Debo bajar a los mares otra vez, porque la llamada de la marea que corre

Es una llamada salvaje y clara que no puede ser negada;

Y todo lo que pido es un día ventoso con las nubes blancas volando,

Y el rocío arrojado y el humo soplado, y las gaviotas llorando.

Debo bajar a los mares otra vez, a la vida gitana vagabunda,

Al camino de la gaviota y la ballena donde el viento es como un cuchillo afilado;

Y todo lo que pido es una alegre historia de un compañero de ruta risueño.

Y un sueño tranquilo y un dulce sueño cuando el largo truco ha terminado.

Crecí en el sur de Florida y he vivido en Florida la mayor parte de mi vida. Así que estar cerca del mar y pasar tiempo en el océano ha sido una parte natural de mi vida, algo que he disfrutado inmensamente. Tanto es así que planeé convertirme en biólogo marino. En la universidad me desvié un poco y me convertí en ecólogo. Pero gran parte de mis estudios sobre cómo interactúan las plantas y los animales con su entorno se referían a la vida marina. Sin embargo, el mar es mucho más de lo que se puede estudiar. Hay una atracción que te atrae, una llamada, por citar a John Masefield.

Hace algún tiempo, mi mujer y yo tuvimos la oportunidad de pasar una tarde en el mar, en el barco de un amigo muy querido. Hay algo en la brisa salada y en las olas que calma el alma. Una conexión que no se puede negar. Y por la mañana, tuve la suerte de contemplar el hermoso amanecer amarillo dorado.

"El triunfo de la vida" de Percy B. Shelley

Veloz como un espíritu que se apresura a su tarea

De gloria y de bien, el Sol brotó

Regocijándose en su esplendor, y la máscara

de oscuridad cayó de la Tierra despierta.

Amanecer en el Océano

¿Cuál es el encanto del mar? Para empezar, el mar suele ser azul, verde o turquesa, todos ellos colores relajantes. El azul da sensación de frescor y calma la mente. Los estudios demuestran que es el color favorito de todo el mundo. Esto me parece interesante porque gran parte del mundo está cubierto de agua azul y, por supuesto, de cielo azul. El verde es relajante para la vista y proporciona una sensación de equilibrio, de paz. El turquesa, como cabría esperar, parece seguir la línea del azul y el verde en cuanto a los sentimientos que la gente asocia con él. También puede infundir un aumento de energía.

¿No es de extrañar que el mar nos hechice tanto?

PASAJE 3

Hermanos mayores

Como mencioné en la introducción, yo era el sexto de siete hermanos en mi familia. Tenía cuatro hermanos y dos hermanas. Mis hermanos y hermanas me ayudaron mucho en mi crianza, se preocupaban mucho por mí y me cuidaban con mucho cariño.

Cuando tenía once años, me di cuenta de que dos de mis hermanos mayores ganaban dinero cortando el césped para nuestros vecinos. Hablé de ello con mi amigo y decidimos que nosotros también cortaríamos el césped para ganar un dinero extra. Pero había un problema: no teníamos cortacésped. Aunque tenía un viejo cortacésped en casa que no funcionaba. Así que hablé con mi hermano mayor, Stuart, sobre lo que mi amigo y yo pensábamos hacer. Encontramos el cortacésped y lo examinamos. Me dijo que podía ponerlo en marcha, pero que llevaría tiempo y trabajo.

En consecuencia, Stuart me tomó bajo su protección y me explicó lo que había que hacer. Lo primero era desmontar completamente el cortacésped y limpiarlo. Me dijo que me asegurara de etiquetar las piezas y el orden en que se vuelven a montar, o nuestro proyecto podría ponerse más interesante de lo que habíamos planeado.

Una vez superada la acumulación de suciedad, grasa y mugre, y las abolladuras y golpes de años de uso, el cortacésped parecía estar de nuevo en buen estado. Stuart pensó que, aparte de algunos cuidados cariñosos, probablemente sólo necesitaba puntos nuevos y un condensador. Resultó que tenía razón y, por si fuera poco, pinté el cortacésped de nuevo: el motor blanco y la carrocería de color tostado con la pintura sobrante del lavadero.

Por fin Arnold y yo nos dedicábamos a cortar el césped. Cobrábamos la tarifa del día: 1,50 $ por un césped normal y 2,00 $ por un jardín de esquina, que en aquella época era mucho dinero. Un Snickers o un refresco Royal Palm costaban cinco centavos por aquel entonces, y se podía entrar al cine por treinta y cinco centavos. Si había que hacer bordes u otros trabajos de ese tipo, se decidió que mis hermanos se encargarían de ello. Estábamos listos.

"A veces ser hermano es mejor que ser superhéroe"

- Marc Brown.

Ciertamente, te puedes imaginar que mis hermanos y hermanas eran mejores que superhéroes para mí, y espero que yo también lo fuera para ellos. Creo que una ventaja de tener muchos hermanos y hermanas son los lazos que se forman. Cuando le hablé a Stuart de que quería cortar el césped para ganar un dinero extra como hacían mis hermanos, no me echó para atrás diciéndome que él tenía sus propias cosas que hacer. Al contrario, me tomó bajo su protección y me enseñó la forma correcta de arreglar algo. No hizo el trabajo él mismo. A día de hoy, sigo su fórmula y su estilo de tutoría. No se trataba solo de volver a hacer funcionar un viejo cortacésped. Se trataba de enseñar a un hermano pequeño a hacer que la vida funcionara. Se trataba de ayudar a los demás, de trabajar en equipo, de preocuparse por los demás.

Tengo tantas historias sobre mis hermanos y hermanas que compartir con ustedes. En muchos sentidos, me han convertido en la persona que soy hoy. No podría pedir un grupo mejor de "mejores que superhéroes" para formar parte de mi vida.

Sentado en el cactus y aullando

Cuando era pequeño, mi madre tenía un dicho que nos ayudaba a mis hermanos y a mí a centrarnos. Siempre que nos quejábamos con ella de algo que nos había pasado, de algo que ocurría a nuestro alrededor con lo que no estábamos de acuerdo o simplemente queríamos que las cosas fueran diferentes, nos decía: "Entonces, ¿te vas a sentar en el cactus y a aullar?".

Así, no tardamos demasiado en darnos cuenta de que, aunque a mi madre le interesaba mucho lo que teníamos que decir, de qué nos quejábamos o qué pensábamos que había que cambiar, esperaba que hiciéramos algo al respecto. Tomar el problema en cuestión, la cuestión, la situación, y hacer algo positivo para mejorarlo, para arreglarlo, para cambiarlo.

A lo largo de mi vida, el consejo que mi madre me dio a una edad muy temprana me ha servido de mucho. Y, como ocurre con la mayoría de los consejos que alguien te transmite, yo los tomé, los hice míos y les añadí cosas.

A medida que pasa el tiempo, surgen nuevas frases en nuestro lenguaje. Cuando era niño, lo que habríamos caracterizado como una situación o un problema se ha convertido a veces en "¡Es lo que hay!". ¡¿Perdón?!

Recuerdo que hace algún tiempo, cuando oí por primera vez la expresión "Es lo que hay", trabajaba en el Centro Espacial Kennedy dirigiendo un proyecto de diseño de equipos de apoyo en tierra (GSE). Al programa espacial le encantan los acrónimos. Durante una discusión sobre un parámetro concreto del proyecto, el ingeniero encargado del área informó al equipo de que no podíamos hacer lo que habíamos planeado. Eso era todo, y "es lo que hay". Estoy seguro de que el equipo vio la expresión de sorpresa e incredulidad en mi cara. Le dije al equipo que tendríamos que cambiarlo y convertirlo en algo que hiciera lo que necesitábamos. Después de esto, pensé en lo que mi madre nos había enseñado. Decir que algo no se puede cambiar o aceptar que hay que cambiarlo no es más que otra forma de sentarse en el cactus y aullar. Siempre hago todo lo posible por aceptar el problema, el "es lo que hay", y hacer algo positivo para mejorarlo, arreglarlo, cambiarlo, exactamente como mi madre me había enseñado.

Por el camino, me he enseñado un truco que me funciona bien cuando me cuesta un poco averiguar cómo avanzar con el problema en cuestión. Lo llamo hacer que el problema cambie de color. Da un paso atrás e intenta desarrollar una perspectiva más amplia del problema. Ponlo de cabeza. Míralo desde distintos ángulos. Si no hay nada más, cambia tu forma de verlo, y eso puede ayudarte a avanzar hacia una solución. Pero este es un tema para otra ocasión.

Otra cosa que he aprendido por el camino. No dejes que los problemas se acumulen. Siempre van a surgir nuevos problemas y cuestiones en tu camino. Concéntrate. Enfréntate a ellos. De forma positiva, ponlos a descansar para que puedas centrarte y avanzar en tu viaje.

¿Vas a sentarte en el cactus y a aullar?

¿Qué hay en el mundo?

Hay algunas cosas de la vida cotidiana que han cambiado desde que era niño. Bueno, en realidad, muchas cosas de la vida cotidiana han cambiado desde que era niño. Pero me refiero a cosas materiales. Pensé que sería divertido recordar un poco estas cosas. Además, leer sobre estas cosas también puede hacer que te pares a pensar un poco sobre las cosas que hoy damos por sentadas.

Teléfonos

Sé que me estoy remontando a tiempos pasados, pero cuando era muy joven teníamos un teléfono para toda la casa. Un teléfono. Era un teléfono de disco y fijo, por supuesto. Para que nos hagamos una idea, el primer uso público de los teléfonos móviles se produjo en 1973. Hasta entonces, no sólo había un solo teléfono en casa, sino que además era una línea compartida. Para quienes no sepan lo que es una línea compartida, imagino que la mayoría de ustedes, se trataba de un circuito telefónico local que compartían varios clientes. Así que cuando cogías el teléfono para hacer una llamada con el permiso de tus padres, por supuesto, a veces ya había otra persona hablando al otro lado del teléfono. Lo que había que hacer entonces era colgar e intentar hacer la llamada más tarde. Eso es lo que nos enseñaron y cómo usábamos los teléfonos. Creo que a veces la gente no colgaba y conseguía una buena fuente de cotilleos del vecindario, sin duda.

Reglas de la Party Line

A mediados de los años 60, tuvimos un teléfono de tonos. También desapareció la línea compartida. Pero eso no significa que el viejo teléfono de disco también se desechara. Como ya he escrito antes, el dicho de mi abuela: "Úsalo, úsalo, haz que dure o prescinde de él", se aplicaba definitivamente en este caso. Hablaré de ello en otra ocasión. Así que cambiamos a un teléfono de tonos y, con el tiempo, a uno con un cable extralargo, para no tener que estar de pie en la cocina para hablar por teléfono. Podíamos ir hasta el comedor para hablar por teléfono. Las reglas del teléfono seguían siendo las mismas: no se podían hacer llamadas de larga distancia. Se pagaban aparte. Y aún tenías que tener el permiso de tus padres para hacer una llamada.

Como puedes ver, los teléfonos han avanzado mucho desde que yo era niño; en realidad ya no son teléfonos, sino ordenadores que pueden utilizarse como teléfono cuando es necesario. Me pregunto qué pensaría Alexander Graham Bell. Y, en cuanto a la desaparición del teléfono público y su papel en la difusión de los cotilleos del vecindario, estoy seguro de que la gente inventó otros medios para escuchar y transmitir los cotilleos.

"Cuando una puerta se cierra, otra se abre; pero a menudo miramos tanto tiempo y con tanto pesar la puerta cerrada, que no vemos las que se abren para nosotros".

- Alexander Graham Bell

Sabías que hay muchas otras cosas materiales que usábamos y dábamos por sentadas cuando yo era niño y que hace tiempo que han sido sustituidas. Hablaré de ellas en algunos relatos futuros de mi viaje. Seguro que será divertido.

Pasaje 4

Si estás saltando, estás sonriendo

A lo largo de mi viaje, me he dado cuenta de que hay ciertas cosas que haces en la vida que simplemente van juntas. Hay cosas que haces en la vida sin ni siquiera intentarlo y, antes de que te des cuenta, son muy divertidas. Así ocurre con el salto. Me he dado cuenta de que, si estás saltando, estás sonriendo. No puedes evitarlo. Empiezas a saltar y, sin darte cuenta, sonríes. Creo que es una consecuencia natural de saltar. Una cosa lleva a la otra sin que lo pienses o intentes que ocurra. Simplemente sucede. Creo que es genial.

Hablando de sonrisas. ¿Sabías que cuando sonríes, tus músculos faciales se contraen de tal manera que, a su vez, envían una señal al cerebro, aumentando el nivel de hormonas de la felicidad o endorfinas? Cuando nuestro cerebro se siente feliz, sonreímos, y cuando sonreímos, nuestro cerebro se siente feliz. Creo que es un arreglo bastante bueno. De hecho, me hace sonreír sólo de pensarlo.

Las sonrisas son contagiosas. Así es. Los estudios han demostrado que las personas sonríen cuando ven que alguien les sonríe. Seguro que lo has notado. Una sonrisa engendra otra. ¿Cómo se puede superar eso?

Sonreír es nuestra primera expresión facial. Entre las seis y las ocho semanas, los bebés desarrollan una sonrisa social, un gesto intencionado de calidez.

Sonreír puede aliviar el estrés y hacer que te sientas mejor. Alivia la tensión física y el estrés. Se ha demostrado que sonreír reduce la respuesta del organismo al estrés. Reduce el ritmo cardíaco y la tensión arterial.

Sonreír puede reforzar el sistema inmunitario. Sonreír o reír activa en el cerebro moléculas que combaten el estrés y las enfermedades.

La sonrisa es la expresión facial más reconocida.

"Si me sonríes, lo entenderé, porque es algo que todo el mundo hace en todas partes en el mismo idioma".

- Barcos de madera Crosby Stills Nash

Sí, también tiene su lado negativo. Cuando sonríes se te marcan las líneas de la sonrisa, pero en mi opinión eso no es necesariamente malo. Esas pequeñas líneas en la comisura de los ojos son un símbolo de la felicidad que has experimentado a lo largo de la vida.

Como dice Jimmy Buffett:

"Las arrugas sólo van donde han estado las sonrisas".

- Niños descalzos.

Así que la próxima vez que te encuentres saltando, tómate un momento y comprueba si estás sonriendo.

Algo deseado

Leí por primera vez el poema en prosa "Desiderata" cuando estaba en la universidad, a principios de los años setenta. Entonces era muy popular. Me tocó la fibra sensible. Es algo que me he esforzado por seguir toda mi vida, incluso antes de ser consciente de su mensaje.

Se lo pasé a mis hijos y les di una copia enmarcada en su graduación.

No sé cómo mejorarlo.

Desiderata de Max Ehrmann

Ve plácidamente en medio del ruido y la prisa
y recuerda qué paz puede haber en el silencio.
En la medida de lo posible, sin rendirse
mantente en buenos términos con todas las personas.
Di tu verdad en voz baja y clara
y escucha a los demás,
incluso a los aburridos e ignorantes;
ellos también tienen su historia.

Evita a las personas ruidosas y agresivas;
son un fastidio para el espíritu.
Si te comparas con los demás
puedes volverte vanidoso y amargado;
porque siempre habrá personas mejores y peores que tú.
Disfruta tanto de tus logros como de tus planes.

Mantente interesado en tu propia carrera, por humilde que sea;
es una posesión real en las cambiantes fortunas del tiempo.
Actúa con cautela en tus asuntos de negocios;

porque el mundo está lleno de engaños.

Pero no dejes que esto te ciegue a lo que hay de virtud;

muchas personas luchan por altos ideales;

y en todas partes la vida está llena de heroísmo.

Sé tú mismo.

Sobre todo, no finjas afecto.

Ni seas cínico con el amor;

pues frente a toda aridez y desencanto

Es tan perenne como la hierba.

Acepta amablemente el consejo de los años,

renunciando con gracia a las cosas de la juventud.

Cultiva la fortaleza de espíritu para que te proteja en la desgracia repentina.

Pero no te angusties con oscuras imaginaciones.

Muchos temores nacen de la fatiga y la soledad.

Más allá de una sana disciplina,

sé amable contigo mismo.

Eres un hijo del universo,

no menos que los árboles y las estrellas;

Tienes derecho a estar aquí.

Y esté o no claro para ti,

no hay duda de que el universo se desarrolla como debe.

Por tanto, estate en paz con Dios,

sea lo que sea lo que concibas que es,

y cualesquiera que sean tus trabajos y aspiraciones,

en la ruidosa confusión de la vida, mantén la paz con tu alma.

Con toda su farsa, su monotonía y sus sueños rotos,

sigue siendo un mundo hermoso.

Sé alegre.

Esfuérzate por ser feliz.

Canción de la mañana

Cuando me despierto por la mañana o poco después, tengo una canción matutina en la cabeza. A menudo empiezo a tararearla o a cantarla suavemente para mí. Llevo haciéndolo desde que tengo uso de razón. Pensaba que todo el mundo tenía su propia canción matutina, hasta que hace unos años descubrí que no era así. De hecho, no conozco a nadie más que tenga una canción matutina. Me parece bien. Me gusta tener una canción matutina. Incluso me gusta la canción de la mañana de "Friends" y la canto de vez en cuando por la mañana, para consternación de mi familia.

https://youtu.be/S_PGP5QiIss

A veces me pregunto por qué se me pasa por la cabeza una canción determinada por la mañana, pero intento no darle demasiadas vueltas. Más bien me gusta disfrutar de esos momentos. Mi canción de esta mañana es "Breathe In, Breathe Out, Move On" de Jimmy Buffett y Matt Betton (batería y compositor de la Coral Reefer Band).

https://youtu.be/c-GUBkymgzw

"Breathe In, Breathe Out, Move On" se incluyó en el álbum de 2006 de Jimmy *Take the Weather with You* como homenaje a las víctimas del huracán Katrina. De nuevo, no sé por qué es mi canción matutina de hoy, pero creo que es un buen consejo. Con tantas cosas que pasan en nuestro mundo y en nuestras vidas estos días, siempre que sea posible, respira hondo un par de veces, rebobina y sigue adelante.

PASAJE 5

Recuerdo de Folly Beach - Parte I

Nací en Nitro, Virginia Occidental, a las afueras de su capital, Charleston. Vivíamos enfrente del río Kanawha y muy cerca de la planta de Union Carbide, donde trabajaban mis padres. Nos mudamos de allí cuando yo tenía poco más de un año. Sin embargo, mientras crecía, oía las historias que mis padres y hermanos mayores contaban sobre el tiempo que pasamos allí.

La razón por la que nos mudamos, creo, es bastante interesante. Periódicamente, un tanque de la planta explotaba y rompía algunas ventanas de la casa. La empresa pagaba para cambiarlas y todo el mundo seguía a lo suyo. Una vez, una explosión fue tan grave que dañó los cimientos de la casa. Mis padres utilizaron el dinero de la reparación para mudarse. Así fue como conseguimos trasladarnos a Miami. La estancia en Miami duró bastante poco. Aunque era muy joven y no recuerdo mucho, recuerdo muy bien adónde nos mudamos después. Fue a Folly Beach, Carolina del Sur.

La casa de Folly Beach tenía dos pisos y estaba justo enfrente de una preciosa playa de arena blanca. Nunca había visto una playa antes de mudarnos allí. Recuerdo la arena blanca hasta donde alcanzaba la vista, con olas interminables, dos de las cuales nunca parecían iguales. Había marismas, gaviotas, pelícanos, dunas y un cielo azul. Cada día era una aventura nueva. Sobre todo, si tienes una bandada de hermanos pequeños, se te abre literalmente un mundo nuevo.

Yo era aún muy pequeño, pero recuerdo correr arriba y abajo por la playa con mis hermanos y mi hermana Suzie. Chapoteábamos en las olas y explorábamos las pozas de marea. Montamos un pequeño acuario de peces de colores en el salón. Poníamos cangrejos y gambas, algunos pececillos y, de vez en cuando, un caballito de mar, si teníamos la suerte de encontrarlo.

Uno de mis hermanos compró una cometa de caja y un ovillo de hilo. Siempre había brisa en la playa y nos turnábamos para volar la cometa. Se nos ocurrió que también podíamos hacer una cometa de caja como la que teníamos para que cada uno tuviera su propia cometa que volar. Así lo hicimos, y todos nos divertimos mucho con nuestras cometas. Si alguien te dice que vayas a volar una cometa, hazle caso. Es una actividad muy relajante y divertida.

Es difícil imaginar un entorno mejor para que mis hermanos y yo viviéramos aventuras que el tiempo que pasamos en Folly Beach a principios de los años 50. La naturaleza era nuestro patio de recreo. La naturaleza era nuestro patio de recreo.

Como dice Winnie the Pooh:

"No nos dábamos cuenta de que estábamos creando recuerdos, sólo sabíamos que nos divertíamos".

Folly Beach en el recuerdo - Parte II

Mi familia se mudó a Folly Beach cuando yo tenía sólo cuatro años. Vivimos allí poco más de un año, pero mereció la pena. Fue un lugar ideal para que mis hermanos y yo encontráramos aventuras.

"En cuanto te vi supe que iba a ocurrir una aventura".

-*Winnie the Pooh*

Un día, durante nuestra estancia en Folly Beach, estábamos disfrutando de la libertad de la vida en el océano cuando éramos niños; mis hermanos decidieron que querían caramelos. Había un embarcadero que estaba algo alejado hacia el norte. Allí había un pequeño almacén general con golosinas. Esta vez pude ir con ellos. Compré una bola de fuego, una de mis favoritas desde aquel día. Costaba un penique.

A los cuatro años, era mi primera compra. De camino a casa, encontramos una gaviota argéntea con un ala herida. La cogimos y la llevamos a casa. Nuestros padres nos dejaron quedárnosla para cuidar de ella. Le hicimos una jaula en el patio. Mi hermano Pete y yo pescábamos peces pequeños en las pozas de la playa. No recuerdo qué nombre le pusimos, pero no creo que le importara mientras le trajéramos peces. Nuestro perro, Scotch, un hermoso, alegre y simpático Boyero de Berna, mostró gran interés por nuestra gaviota. La jaula estaba levantada del suelo y Scotch se tumbaba debajo de ella durante el día. Seguro que la protegía. Después de algún tiempo, nuestra gaviota parecía haberse curado. Celebramos una pequeña ceremonia en la playa y la soltamos. No se fue volando, sino que corrió a reunirse con las demás gaviotas de la playa.

Una fresca mañana de primavera, mi madre nos llamó a todos para ir a la playa. Soplaba un fuerte viento, las olas retumbaban en la orilla y había bruma en el aire. Un poco más allá de las olas había un espectáculo digno de contemplar.

Un sinfín de delfines saltaban por los aires. Todos se dirigían hacia el norte. Literalmente, debía de haber miles. Estuvimos observando asombrados durante lo que nos pareció una hora, y seguían avanzando.

Fue un espectáculo absolutamente impresionante, hermoso y sobrecogedor. Algo que nunca olvidaré.

Folly Beach era así.

Folly Beach Recordado - Parte III

Ya he escrito un par de historias sobre el tiempo que mi familia y yo pasamos en Folly Beach, Carolina del Sur. Escribí sobre cosas que sucedieron y acontecimientos que recuerdo cuando tenía cuatro años. A medida que crecía, empezaba a conectar de verdad con mis hermanos y hermanas mayores, con mis padres y con el mundo que me rodeaba, es decir, la naturaleza. En los años 50, Folly Beach era uno de los lugares perfectos para vivir una infancia memorable.

La interminable playa nos ofrecía a mis hermanos y a mí no sólo un patio de recreo, sino también la oportunidad de sumergirnos totalmente en la naturaleza de sol a sol, y eso es precisamente lo que hacíamos. Disfrutábamos de cada minuto que pasábamos en la playa o en el bosque que había detrás de casa. Todos los días los pasábamos empapándonos de naturaleza, participando en el hermoso mundo natural que nos rodeaba y aprendiendo cómo nos llevamos todos, es decir, las personas, las plantas y los animales, en este planeta. Es lógico que de mayor me hiciera ecologista (científico que estudia cómo interactúan los animales y las plantas con su entorno y entre sí). Ya lo era, gracias al tiempo que pasé en Folly Beach.

"Mira en lo más profundo de la naturaleza, y entonces lo entenderás todo mejor".

- Albert Einstein

Mis primeros recuerdos en la vida son del tiempo que pasé allí. No sólo del mundo natural que me rodeaba, sino de la conexión y el crecimiento con mi familia. Estas cosas hicieron que el tiempo que pasé allí estuviera lleno de hermosos recuerdos.

"El niño es el padre del hombre".

- William Wordsworth

De

Mi corazón salta

Mi corazón salta cuando contemplo

Un arco iris en el cielo:

Así fue cuando comenzó mi vida;

Así es ahora que soy un hombre;

Así será cuando envejezca,

O déjame morir.

El niño es el padre del hombre;

Y desearía que mis días

Unidos cada uno a cada uno por la piedad natural.

No creo que pueda escribirse un resumen mejor de mi vida desde el principio de mis recuerdos hasta ahora. Creo que todos nos beneficiaremos, al igual que la Madre Tierra y todos nuestros "compañeros nacidos en la tierra", si sólo tenemos piedad natural por el mundo que nos rodea.

PASAJE 6

Dime otra vez, ¿por qué me hice corredor de fondo?

Una vez, en primaria, leí un artículo sobre la maratón de Boston y, por alguna razón, decidí que quería participar en ella. No puedo explicar exactamente por qué, pero tenía la sensación de que terminarlo sería todo un logro. Algo que me permitiera mirar hacia atrás, a la línea de meta, después de haberla cruzado y decirme a mí mismo: "¡Eso es, lo he conseguido!". No sabía que esta vez, en lugar de que una persona me abriera una puerta, era una cosa, un acontecimiento.

Mis hermanos y yo practicábamos muchos deportes en el instituto: fútbol, lucha o atletismo. Más tarde, en la universidad, hicimos lacrosse. Todos éramos muy buenos deportistas, pero esa es una historia para otro momento.

Cuando terminé el instituto, quería hacer algo que me mantuviera en forma. Decidí empezar a correr largas distancias. A mi hermano Stuart le pareció una idea estupenda. Había estado en el equipo de atletismo de campo a través de la Universidad de Miami, y empezamos a entrenar juntos.

Éramos muy afortunados porque teníamos muchos lugares donde podíamos entrenar largas distancias justo desde donde vivíamos. Por ejemplo, después de correr por un par de carreteras bastante seguras, llegábamos al carril bici de Old Cutler Road; desde allí, podías correr hasta Matheson Hammock Park o Fairchild Tropical Gardens para una carrera «corta» de seis millas, o dirigirte al norte hasta Cocoplum Circle y más allá, dependiendo de lo lejos que quisieras que fuera tu carrera de entrenamiento. Siempre es una carrera preciosa, incluso con lluvia. Siempre me ha gustado correr bajo la lluvia, siempre que no hubiera relámpagos.

Lo creas o no, cuando empezamos, las zapatillas de correr no estaban realmente disponibles en las tiendas del país. Eso no nos importaba tanto porque, de todos modos, no teníamos dinero para comprarlas. Realmente éramos unos universitarios muertos de hambre (no exactamente).

Mis padres fallecieron cuando yo estaba en el instituto. Entonces, Stuart y yo corríamos descalzos. Así es. Nuestros primeros años corriendo largas distancias los hicimos sin zapatillas. No le dimos importancia. La mayor parte del tiempo, funcionaba. De vez en cuando nos salían ampollas, pero se nos formaban callos rápidamente y teníamos suerte de no pisar nada afilado.

Quizá sea un buen momento para hacer un breve repaso a la historia de la carrera de maratón. El maratón es una carrera de larga distancia de 26,2 millas. La prueba se instituyó en conmemoración de la legendaria carrera del soldado griego Feidípides, mensajero de la batalla de Maratón a Atenas, que informó de la victoria de los atenienses sobre los persas en la batalla de Maratón.

Cuando comenzaron los Juegos Olímpicos modernos en 1896 en Atenas (Grecia), los organizadores buscaban un gran acontecimiento popularizador que recordara la gloria de la antigua Grecia. La idea de una carrera de maratón fue de Michel Breal, que quería que la prueba figurara en los primeros Juegos Olímpicos modernos de 1896.

El viaje de Feidípides de Maratón a Atenas también inspiró el primer Maratón de Boston, el 19 de abril de 1897. El Maratón de Boston es el maratón anual más antiguo del mundo y también destaca por permitir competir a las mujeres en 1972, cuando el primer maratón olímpico para mujeres no se celebró hasta 1984. Hablaré del Maratón de Boston en otro artículo.

Nuestro primer maratón fue el Space Coast Marathon de Melbourne, Florida, en diciembre de 1971. También fue el primer Maratón de la Costa Espacial, que ahora cumple 50 años. Las carreras de maratón eran diferentes entonces. Hubo un total de 61 participantes.

Stuart terminó, pero yo no. Mis rodillas cedieron, y después de 21 millas, terminé. Las rodillas se me hincharon como pomelos y, por supuesto, los pies se me llenaron de ampollas. Pero el problema eran las rodillas. Poco a poco mejoraron, pero tengo que admitir que subí en ascensor hasta el segundo piso de la biblioteca de la Universidad de Miami durante unos días, algo que nunca había hecho antes. Subir y bajar escaleras es un buen entrenamiento para correr largas distancias, creo.

Stuart me ayudó con mi problema de rodilla. Corría con el pie plano. Necesitaba correr más con la planta del pie y el borde exterior. Nunca he vuelto a tener problemas de rodilla desde que empecé a correr de esta manera. Correr descalzo también puede haber contribuido a mis problemas de rodilla. Resolvimos ese problema poco después de nuestro primer maratón. ¿Cómo lo solucionamos? Esa también es una historia para otro día.

Después del maratón, las ampollas en los pies y mis rodillas de pomelo no fueron mi mayor problema. Estaba muy decepcionado por no haber completado algo que había empezado a lograr. Me alegra decir que seguí corriendo muchos maratones más con éxito y que he aprendido a afrontar el fracaso mucho mejor. A aprender de él y a convertirlo en una experiencia positiva.

Eclipse total de Sol, 1972

En el verano de 1972 ocurrió algo extraordinario, y tuve la suerte de vivirlo. El recuerdo de aquel día está tan fresco para mí hoy como el día en que ocurrió. Uno de esos acontecimientos de la infancia que llevan a "largos, largos pensamientos".

Mi hermano Stuart y yo decidimos viajar a la Isla del Príncipe Eduardo (Canadá) para presenciar el eclipse solar y hacer algunas fotografías. Stuart era entonces estudiante de posgrado en el Departamento de Física de la Universidad de Miami, así que quería recoger datos sobre el eclipse. Volamos a Nueva York y luego fuimos en coche a la Isla del Príncipe Eduardo. El viaje en sí fue toda una aventura para mí. Nunca había estado en Nueva York ni en Canadá.

Foto que Stuart tomó del eclipse total de Sol de 1972

Para llegar a la Isla del Príncipe Eduardo desde Nueva York tuvimos que atravesar una campiña preciosa. Fue todo un cambio de paisaje para un chico del sur de Florida. Montañas, colinas, bosques caducifolios, lagos, arroyos y bahías. Todo un cambio de paisaje.

Tomamos el transbordador para cruzar el estrecho de Northumberland y fuimos al campamento establecido por la expedición de la Universidad de Miami en el lado norte de la isla. Estaba situado al borde del océano Atlántico Norte. Había un pequeño acantilado de unos 3 metros hasta la playa. En Miami no hay acantilados hasta la playa, sólo una pendiente muy suave. Todas estas cosas eran nuevas para mí.

Camping Eclipse – Isla del Príncipe Eduardo

Al sur de nosotros había una gran zona de humedales con muchos tipos de aves. Esto iba a ser un ingrediente importante de mi experiencia con el eclipse, lo creas o no.

La mañana del eclipse fue un poco preocupante. Estaba completamente nublado. No se podía ver el cielo debido a la espesa capa de nubes. A medida que se acercaba la hora del eclipse, aumentaba nuestra preocupación. No se veía ningún cambio en la nubosidad. Entonces, cuando faltaban entre 20 y 30 minutos para el eclipse, el cielo se abrió. Las nubes se despejaron y comenzó el eclipse. A medida que la luna cubría más y más al sol, éste se volvía más y más oscuro. La silueta siempre cambiante de la luna sobre el sol era fascinante.

Preparándose para el Eclipse

El eclipse fue absolutamente fascinante. Estaba haciendo fotos en color, pero me tomé un poco de tiempo para mirar a mi alrededor. Había una puesta de sol de 360 grados. Era naranja y rojo y precioso. Cuando empezó la puesta de sol, todas las garcetas y garzas de la marisma pensaron que era de noche y empezaron a volar a casa para posarse. Eran bastantes. Cuando volvió a salir el sol, volaron de vuelta a la marisma. Una observación muy interesante para un licenciado en biología. Por supuesto, durante todo el viaje pensé en el eclipse y, a medida que se desarrollaba, en cómo afectaba a la gente. Resulta que afecta a todo el planeta, incluidas las plantas y los animales.

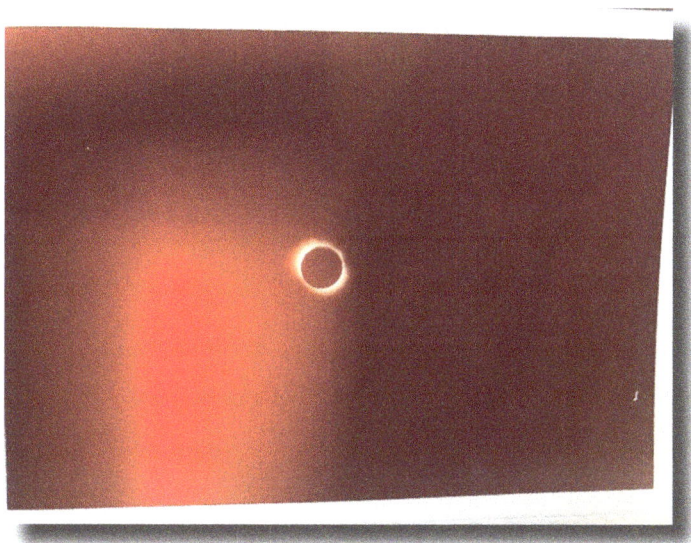

Foto en color que tomé del eclipse total de Sol de 1972.

Después del eclipse, cenamos en el campamento y todos hablamos de lo que acabábamos de presenciar. A la mañana siguiente cogimos el ferry de vuelta a tierra firme, y en el trayecto de vuelta a la ciudad, vimos un alce junto a un lago cercano a la carretera. Nos detuvimos y lo saludamos. El alce parecía interesado, pero no dijo nada. Me pareció un final apropiado para un viaje absolutamente increíble. Un recuerdo para toda la vida, y yo que pensaba que sólo me estaba divirtiendo.

"¿Qué estás buscando, amigo?"

Poco después de graduarme en la universidad, tuve la gran suerte de conseguir un trabajo en Connell & Associates. Era una consultora de ingeniería de Coral Gables. Me contrataron para trabajar en su recién creado departamento de medio ambiente. Éramos cuatro: el Vicepresidente del departamento medioambiental, un director, otro ecólogo recién salido de la universidad y yo. Fue el comienzo de una excelente oportunidad para mí: poder trabajar en mi campo de Ecología, y el trabajo medioambiental resultó ser también una gran oportunidad para la empresa. El departamento de medio ambiente creció constantemente durante mi estancia en la empresa.

El trabajo era muy emocionante y gratificante. Parte de nuestro trabajo consistía en recopilar datos e información que darían lugar a una Declaración de Impacto Ambiental (DIA), una declaración de Desarrollo de Impacto Regional (DRI) o informes medioambientales más locales. Saber que estábamos ayudando a proteger el mundo que nos rodea y, casi a diario, aprender cosas nuevas sobre el medio ambiente y la ecología de la zona que estudiábamos era una ventaja.

También participamos en muchos estudios especiales, como estudios de flora y fauna y de especies en peligro de extinción; estos eran mis proyectos favoritos. Cada salida al campo era una nueva oportunidad de aprender más sobre las plantas o animales que estudiábamos y su interacción con el entorno. En el caso de las especies amenazadas, el trabajo consistía en recopilar información sobre el tamaño de la población y trabajar para entender por qué estaban en peligro y qué se podía hacer para ayudarlas a prosperar. Con suerte, hasta el punto de que dejaran de estar en peligro y su población se mantuviera y creciera.

Aunque disfruté mucho del trabajo de campo, necesité bastante tiempo en la oficina para recopilar los datos, analizarlos y, por supuesto, redactar los informes. Esto también era emocionante. A veces, la información recopilada sobre el terreno, una vez estudiada y analizada en la oficina, arrojaba una conclusión diferente de la que yo había pensado en un principio cuando estaba sobre el terreno.

Tengo muchas historias que contar sobre mi trabajo como ecólogo. Pero la de hoy trata de una ocasión en la que estaba en la oficina. La empresa acababa de experimentar un cambio importante. Otra empresa la había comprado. El proceso fue algo enrevesado, pero cuando todo estuvo dicho y hecho, la nueva empresa era Connel Metcalf & Eddy. Esa es otra historia en sí misma. Como parte de los cambios de la empresa, nos volvimos más organizados y eficientes, y se incorporaron algunas personas nuevas. Un área en la que se produjeron estos cambios fue la sala de suministros. Se incorporó una nueva persona para gestionar los suministros. Tenía muchos conocimientos y era muy servicial. Era de Boston y tenía un marcado acento bostoniano. Nos hicimos buenos amigos.

Ese día, yo estaba en la oficina escribiendo un informe y necesitaba algo de la sala de suministros. Estaba buscando lo que fuera en ese momento cuando Frank entró y me preguntó: "¿Qué estás buscando, amigo?". Sin pensarlo, le dije: "Tranquilidad, Frank. Tranquilidad". Se rió y dijo: "No puedo ayudarte", y salió de la habitación.

La cosa es que no sabía que iba a decir eso hasta que las palabras salieron de mi boca. Y el caso es que lo decía en serio.

Todos buscamos la tranquilidad siempre que podemos encontrarla. Eso es bueno. Creo que formar parte de la naturaleza de forma activa y deliberada a menudo nos ayuda a tener paz mental.

"El mejor remedio para quienes tienen miedo, se sienten solos o infelices es salir al exterior, a algún lugar donde puedan estar a solas con el cielo, la naturaleza y Dios. Porque sólo entonces uno siente que todo es como debe ser y que Dios desea ver a la gente feliz en medio de la sencilla belleza de la naturaleza. ...Creo firmemente que la naturaleza aporta consuelo en todos los problemas".

- Ana Frank

PASAJE 7

Owen Gromme

Desde finales de los 70 hasta mediados de los 80, fundé y dirigí una librería de venta por correo llamada *The Naturalist Bookshop*. (La Librería Naturalista). En 1984, asistí a la convención anual de la Asociación Americana de Libreros en Washington, DC. Era una experiencia totalmente nueva para mí, aunque llevaba varios años en el negocio de la venta de libros. Puse en marcha la librería sin ninguna experiencia en la venta de libros ni en la venta por correo. Mi principal objetivo era poner libros sobre Ciencias Naturales a disposición del mayor número de personas posible. Compartir mi amor por la ciencia y la naturaleza.

Aprendí muchas cosas averiguando qué y cómo hacer cosas con la librería que me han ayudado a lo largo de mi vida. Pero, como ya he dicho, esas historias son para otro momento. Ahora mismo, quiero hablar de Owen Gromme. Un artista de la vida salvaje de renombre y mi favorito absoluto. En vida se le llamó el "decano de los artistas de la naturaleza". También era un devoto ecologista. En un discurso de graduación en 1978, Gromme señaló: "Debemos mucho a quienes nos precedieron, y es nuestro deber transmitir para que prospere un mundo moral y físicamente tan bueno o mejor que en el que vivimos. Es nuestro deber oponernos a quienes, por codicia y avaricia, o por razones egoístas o de otro tipo, contaminen, mancillen o destruyan aquello que significa la vida misma para todo ser vivo."

Así que cuando me encontré con el stand de Stanton & Lee Publishers en la convención y eché un vistazo a su obra destacada: *El mundo de Owen Gromme*, me quedé alucinado. ¡Qué obra maestra de ilustraciones de animales salvajes! Bueno, me enorgullece decir que he vendido varios ejemplares del libro de Owen y, por supuesto, tengo mi ejemplar que ojeo regularmente con gran placer. Mi ilustración favorita es la del "Ciervo de Virginia con cervatillos".

Crédito de la foto: Museo de Arte Leigh Yawkey Woodsen

Owen escribió:

"Un día, observé con mucha atención a esta cierva y sus dos cervatillos mientras se acercaban al agua para beber. El sol brillaba detrás de los animales, haciendo que la luz se filtrara delicadamente a través de sus orejas, haciendo que éstas parecieran casi translúcidas. La madre es una cierva escuálida, con las costillas y los lomos a la vista; la mayoría de las hembras están bastante delgadas en esta época del año, ya que los cervatillos lactantes mantienen bajo el peso de la madre, y tiene algunas cicatrices en la piel de haberse enredado en alambradas de espino. Pero hace una bonita foto con sus nuevos cervatillos".

Cada ilustración va acompañada de la historia de Owen sobre cómo se hizo ese cuadro. Las ilustraciones muestran la fauna en estado activo.

Así que, si te apetece, hazte con un ejemplar de *El mundo de Owen Gromme*, o echa un vistazo a algunas de sus ilustraciones en Internet. Mientras disfrutas de su hermoso arte, recuerda lo que él quiere que hagamos todos: Proteger y preservar nuestro maravilloso planeta para "todo ser vivo".

Ardillas de cola naranja

Vivimos donde hay muchos robles, robles vivos y robles de laurel principalmente. Algunos árboles viejos y hermosos con mucho musgo español colgando. Es un paraíso para las ardillas. He calculado la edad de algunos robles vivos en más de 300 años, como he dicho, un paraíso para las ardillas.

Tenemos tres especies de ardillas que viven en nuestra zona:

1.) La ardilla voladora del sur. Es una ardilla pequeña que se encuentra en las copas de los árboles. Por lo general, alrededor de 8 a 10 pulgadas de largo. Pueden planear de 30 a 50 pies de un árbol a otro. Si lo piensas, es una maravilla.

2.) La ardilla zorro es bastante grande y tiene una larga cola parecida a la de un zorro. Esta ardilla puede llegar a medir más de 60 centímetros. Su coloración varía, pero puede ser marrón rojiza con la cabeza negra y las orejas blancas. Es muy característica y muy bonita.

3.) También está la ardilla gris oriental. Es una ardilla de tamaño mediano que se encuentra en todo el este de Estados Unidos. Suele ser gris con algunos tonos marrones en la cabeza y los costados. Digo por lo general porque, en la primavera pasada, tuvimos dos de nuestras ardillas grises que aparecieron con colas de color naranja. Colas de color naranja brillante. Al parecer, esto ocurre a veces con las ardillas grises.

Permítanme divagar un poco. Las ardillas de nuestro jardín y yo nos llevamos muy bien. Hemos llegado a un acuerdo a lo largo de los años. Tengo un par de comederos para pájaros en el jardín y, a lo largo de los años, he probado varias configuraciones y métodos para utilizar los comederos sólo para alimentar a los pájaros. Desde el principio, las ardillas han tenido ideas diferentes al respecto. Creen que el alpiste es para ellas.

He probado diferentes tipos de comederos para pájaros diseñados específicamente para mantener alejadas a las ardillas. En vano, he utilizado diferentes métodos para colgar los comederos. De nuevo, en vano. He probado en diferentes zonas del jardín. No ha habido ninguna diferencia. Incluso he intentado hablarles sin ningún efecto. Parecen interesados, pero no creo que estén escuchando.

Por lo tanto, he llegado a aceptar que cuando se trata de encontrar una manera de llegar a la comida de los pájaros, las ardillas son más inteligentes que yo. Como resultado, he puesto un comedero sólo para las ardillas. Siguen entrando en los comederos de los pájaros de vez en cuando, pero no tan a menudo.

Volviendo a las ardillas de cola naranja, no se comportan de forma diferente a las ardillas grises de cola gris. Tampoco se comportan de manera diferente con las ardillas de cola gris, y las ardillas grises de cola gris no se comportan de manera diferente con ellas. Se persiguen de vez en cuando por el patio o dando vueltas alrededor de un árbol. En general, parecen divertirse juntas como sólo pueden hacerlo las ardillas.

Sólo un pájaro

Hace un par de años, estaba trabajando en mi jardín. Estaba de pie en la esquina de la zona enladrillada junto a nuestro estanque koi podando algunas plantas que tenemos en macetas cuando un pájaro bajó volando y se posó a mis pies. Era una paloma de cuello anillado. La hermosa ave comenzó a caminar alrededor de un par de pies de mis pies. Aterrizó allí deliberadamente y parecía querer algo.

Así que entablé conversación.

Hablo con animales y plantas todo el tiempo. Como en mis canciones matutinas de las que he escrito antes, pensaba que todo el mundo lo hacía. Sin embargo, ahora entiendo que la mayoría de la gente no lo hace. Y como mis canciones matutinas, lo he hecho desde que tengo uso de razón. Me gusta. Creo que ellos también. A ver qué les parece después de leer mi historia.

Así que, después de una conversación casual con la paloma: "Hola, ¿qué tal? ¿Y qué has estado haciendo?". le pregunté (no sé si era una paloma macho o hembra). "¿Tienes hambre? ¿Quieres comer algo?". Decidí que la respuesta era sí y le dije que iría a por alpiste y que volvía enseguida. Cuando empecé a alejarme, pensé que se iría volando, pero no lo hizo. Así que fui al garaje, cogí un puñado de alpiste y volví junto a la paloma. Esperaba que ya se hubiera ido, pero no fue así. Así que puse la semilla en el suelo junto a ella y empezó a comer. Mientras disfrutaba del desayuno que le había traído, continué con nuestra conversación, aunque algo unilateral. El pájaro tenía mucha hambre y la comida desapareció al cabo de un rato. Naturalmente, le dije que le traería más. Cuando volví, la paloma seguía allí y empezó a comerse la semilla que le había puesto al lado. Después de conversar un poco más, voló hasta la rama de un árbol cercano y me miró durante un rato. Lo tomé como una forma de darme las gracias y se fue volando.

Este encuentro me conmovió mucho...

Un par de semanas más tarde me ocurrió algo parecido. Esta vez era un petirrojo. Estaba subiendo los escalones de ladrillo de nuestro estanque koi cuando vi un petirrojo sentado en la valla de madera a unos metros de distancia. Así que, por supuesto, entablé conversación: "Hola, ¿qué tal? ¿Por qué sigues aquí? Tus amigos volaron al norte hace un par de semanas". Y luego, por supuesto, le pregunté si tenía hambre, "¿Te gustaría un poco de gusanos?" Decidí que sí y me fui a desenterrar unos gusanos al jardín, esperando que cuando volviera a ver al pájaro, ya se hubiera ido. Pero no. Así que dejé las lombrices en los escalones de ladrillo y me aparté unos metros. El petirrojo bajó volando y se comió los gusanos. Hice lo mismo varias veces más durante los dos días siguientes y desapareció. Con suerte, pudo reunirse con su bandada en el norte.

Creo que tendrán que admitir que fueron dos interacciones bastante notables con la vida salvaje. Siempre he sentido una conexión con la Madre Tierra y con nuestros semejantes, plantas y animales. Creo firmemente que todos estamos juntos en esto, que debemos cuidarnos los unos a los otros y que, como seres humanos, tenemos la responsabilidad de hacer todo lo posible para preservar y proteger nuestra Madre Tierra.

"Preservemos y apreciemos el punto azul pálido, el único hogar que hemos conocido".

- Carl Sagan

PASAJE 8

Todos necesitamos nuestro propio espacio

La ballena azul es el animal más grande del planeta. Pueden llegar a medir más de 30 metros y pesar hasta 130 toneladas (260.000 libras). Al nacer, una cría de ballena azul mide unos 6 metros y pesa entre 1.000 y 1.500 kilos. Necesitan mucho espacio. En cambio, una nutria marina adulta mide entre 1,2 y 1,5 metros y pesa unos 45 kilos. Cuando las madres se zambullen en busca de comida, atan a sus crías a las algas para asegurarse de que no se vayan flotando (es sólo una observación divertida).

El caso es que comparten el mismo océano. Sin embargo, necesitan un espacio muy diferente dentro del océano, sólo por el hecho de ser lo que son.

Lo mismo ocurre con las plantas. Una secuoya puede llegar a medir 300 pies de altura y más de 20 pies de diámetro. Además, capturan más dióxido de carbono que cualquier otro árbol del planeta. Necesitan mucho espacio.

La avena de mar, por su parte, alcanza los 1,80 m de altura en la madurez y tiene hojas de unos 60 cm de largo. Tolera la niebla salina, crece cerca de la costa y es vital para estabilizar el litoral.

El tamaño del zooplancton (animales diminutos) y el fitoplancton (plantas diminutas) oscila entre 2 micrómetros (más pequeño que un glóbulo rojo humano) y varios centímetros. Van a la deriva en grandes masas de agua, como océanos y lagos. Un plancton individual no ocupa mucho espacio, pero por pequeño que sea, es inmensamente importante para la vida en la Tierra.

Las personas también ocupan espacio. Los seres humanos necesitan su propio espacio, como cualquier otra planta y animal de nuestro planeta.

La cuestión es que todos ocupamos espacio, y todos deberíamos dejarnos nuestro propio espacio.

El volumen es el espacio tridimensional ocupado por una sustancia o delimitado por una superficie. La fórmula para determinar el volumen de espacio que ocupa un objeto es: l x w x h; donde "l" es la **longitud**, "w" es la **anchura** y "h" es la **altura**.

Para los seres humanos, el espacio personal es la distancia de otra persona a la que uno se siente cómodo cuando habla con ella o está a su lado.

Hasta cierto punto, las plantas y los animales también necesitan su espacio personal. ¿Alguna vez te ha bombardeado un ruiseñor, por ejemplo, porque creía que te acercabas demasiado a su nido? ¿O te has preguntado alguna vez por qué los árboles en estado salvaje necesitan tanto espacio entre ellos y sus vecinos para crecer adecuadamente?

Una colmena de abejas melíferas puede tener 2.000 abejas y un volumen de sólo unos 60 centímetros cúbicos. Sin embargo, las abejas necesitan aproximadamente un acre (43.560 pies cuadrados) de flores silvestres en flor, árboles y arbustos para sobrevivir.

Los seres humanos necesitan espacio de forma similar a las abejas. Vivimos en casas que ocupan una superficie relativamente menor de la que necesitamos para sobrevivir. Muchos de nosotros vamos al supermercado para conseguir los alimentos que necesitamos, pero esos alimentos se cultivan y crían en grandes superficies.

Por eso, para estar sanos, crecer y convivir en este mundo grande y hermoso, todos necesitamos nuestro propio espacio.

Una imagen vale más que mil palabras

Un hermoso amanecer ofrece muchas posibilidades. Técnicamente, el amanecer es el momento de la mañana en que aparece el sol por primera vez. Pero es mucho más que eso. Es el comienzo de un nuevo día en esa parte del planeta en la que vivimos y pone en marcha una miríada de acontecimientos que definen nuestra jornada.

Te contaré cómo salió el sol de Emily Dickinson

Te contaré cómo salió el Sol

Una cinta a la vez

Los campanarios nadaron en amatista

Las noticias, como ardillas, corrieron

Las colinas desataron sus bonetes

Los Bobolinks - comenzaron

Entonces me dije en voz baja

"Eso debe haber sido el Sol"

Así que no sólo la gente se despierta con el Sol. La tierra entera se despierta cuando los primeros rayos de luz de la mañana caen sobre ella. Y, por supuesto, no es sólo la luz sino también el calor lo que pone todo en movimiento. La Madre Tierra ha tocado esta melodía durante eones, y cada parte del planeta desempeña su papel. Cuando los primeros rayos de luz caen sobre los océanos, lagos y arroyos, el zooplancton microscópico comienza su migración diaria hacia abajo en la columna de agua, para volver a subir al atardecer. Las aves se despiertan y, junto con otros innumerables animales, comienzan su búsqueda diaria de alimento.

"Al que madruga Dios le ayuda".

La mayoría de los animales son diurnos: están despiertos y activos durante el día. Algunos son nocturnos, es decir, despiertos y activos por la noche. Estos animales se duermen cuando sale el sol o antes.

Muchas plantas comienzan el proceso de fotosíntesis al amanecer, convirtiendo la luz solar, el dióxido de carbono (que los humanos, por ejemplo, exhalamos con cada respiración) y el agua en alimento, liberando oxígeno en el proceso. En este proceso, las plantas transfieren energía del sol para fabricar azúcar (alimento), que se utilizará o almacenará más tarde, lo que no está nada mal para nosotros, los humanos, y para otros organismos que respiran oxígeno en el planeta. Y luego está toda la comida que las plantas producen y de la que nosotros, los humanos y otros animales, dependemos para sobrevivir:

una relación recíproca extraordinaria entre las plantas y los animales de nuestro planeta.

Por supuesto, la luz de los primeros rayos del sol nos permite ver todo lo que ocurre a nuestro alrededor, incluido el amanecer. Dependemos de esta luz para ver e interactuar con el mundo, o creamos fuentes de luz artificiales para poder ver bien de noche. Los gatos, sin embargo, no necesitan luz artificial por la noche. Tienen entre 6 y 8 veces más bastones en los ojos que nosotros. Estos bastones son las células más sensibles a la luz tenue, lo que da a los gatos la ventaja de la visión nocturna sobre nosotros. Sin embargo, los gatos no perciben todos los colores que nosotros y muchos otros animales ven colores que nosotros no podemos ver.

Con la salida del sol, la propia tierra empieza a calentarse y a expandirse, provocando en cierta medida el desmoronamiento de las montañas hacia el mar. El sol calienta el suelo y las rocas y cantos rodados que podrían ser utilizados por ciertos animales de sangre fría, como los lagartos, incluso lagartos muy grandes como los dragones de Komodo, para calentarse. Permite a la anhinga (un ave negra de cuello largo que se alimenta de peces, "nada" bajo el agua y los clava con sus largos picos puntiagudos) secarse las alas después del desayuno. El Anhinga no tiene muy buenas glándulas sebáceas, por lo que es capaz de sumergirse profundamente bajo el agua para cazar peces. Pero debido a esto, debe secar sus alas antes de poder volar.

El calor del sol hace que la nieve se derrita en la cima de una montaña de Colorado y fluya, en un arroyo de aguas cristalinas, hasta el río del valle y, finalmente, hasta el mar.

El sol de la mañana también calienta el aire y, a medida que se calienta, se eleva y se levanta una brisa, una brisa que nos refresca en un caluroso día de verano. Este flujo ascendente de aire caliente lleva consigo, entre otras cosas, humedad. En un día de verano, este vapor de agua y el polvo pueden convertirse en nubes cumulonimbos que más tarde pueden llover o incluso formar una tormenta con relámpagos y truenos y tal vez un arco iris al final.

El sol también nos da energía. La luz que vemos cuando el sol asoma por el horizonte por la mañana es literalmente una transferencia de energía de nuestra estrella a nosotros y a todo lo que hay en nuestro planeta.

El amanecer nos proporciona un lienzo nuevo cada día y una oportunidad para llenar nuestras mentes y corazones con la belleza y la maravilla que nos rodea. Eso nos da esperanza y anticipación de cosas buenas por venir. ¿Cómo puede uno mirar un amanecer y no sentir esto?

Un amanecer puede ser sencillamente inspirador.

Ha amanecido - Eleanor Farjeon

La mañana ha roto como la primera mañana

El mirlo ha hablado como el primer pájaro

Alabado sea el canto

Alabado sea el alba

Alabados sean los brotes frescos de la Palabra

Dulce la nueva caída de la lluvia, iluminada por el sol del cielo

Como el primer rocío que cae sobre la primera hierba

Alabada sea la dulzura del jardín húmedo

Brotado en plenitud por donde pasan Sus pies

Mía es la luz del sol

Mía es la mañana

Nacida de la Única Luz que el Edén vio jugar

Alabar con júbilo, alabar cada mañana

Recreación de Dios del nuevo día

La mañana ha roto como la primera mañana

El mirlo ha hablado como el primer pájaro

Alabado sea el canto

Alabado sea el alba

Alabado sea el brotar fresco de la Palabra

https://www.youtube.com/watch?v=we-n-Zmglt0

Así que, al final de esta entrada, he escrito mil palabras sobre la foto de un amanecer tomada hace algunos años. Podría escribir muchos miles más. ¿Tienes una foto o una imagen que te inspire para escribir mil palabras sobre ella?

¿Por qué no escribir sobre una foto que creas que vale más que mil palabras o incluso más? Puede ser muy relajante y a veces revelador. Por algo será:

"Una imagen vale más que mil palabras".

Las bellas orillas de Loch Lomond

Recuerdo que, de niño, mi padre solía cantar canciones en casa o mientras mis hermanos y yo íbamos en el coche con él. Tenía una notable voz de barítono. Cuando era joven, cantaba a veces en el coro de la Metropolitan Opera de Nueva York. Cantó muchas canciones diferentes durante nuestra infancia, pero hay una en particular que siempre me ha llegado al corazón: "The Bonnie Banks of Loch Lomond". Con el paso del tiempo, he continuado la tradición de mi padre y de vez en cuando me canto canciones a mí mismo, a mi familia y a cualquiera que quiera escucharme, entre ellas "The Bonnie Banks of Loch Lomond".

Siempre me ha gustado esta melodía un tanto melancólica, y aunque la historia es muy triste, sigue siendo una canción preciosa. Hasta hace poco no sabía lo triste que era la historia detrás de la música. Pensaba que se trataba de dos jóvenes amantes que se habían peleado. Nunca entendí muy bien lo que significaba el *camino alto* y el *camino bajo* y por qué nunca se volverían a ver, y eso que soy medio escocesa por parte de madre, una Malcolm.

He aquí una interpretación especialmente bella de esta inquietante canción escocesa:

https://www.youtube.com/watch?v=gb8AGuD2uOI

Hace unos días, mi canción matutina (siempre me despierto con una canción matutina) era "The Bonnie Banks of Loch Lomond". Ahora mantengo una lista continua de mis canciones matutinas, y en el proceso de encontrar esta versión particularmente hermosa de Ella Roberts arriba, pensé en buscar quién escribió la canción y tal vez un poco de su historia. No estaba preparada para lo que encontré:

"The Bonnie Banks of Loch Lomond".

La letra fue escrita por Andrew Lang hacia 1876.

Antecedentes históricos: De Frank Ticheli - Manhattan Beach Music

La canción se basa en la creencia tradicional de que tu alma regresará a tu hogar antes de ir al cielo, tan hermoso.

En el momento de la historia de Escocia en que "Loch Lomond" era una nueva canción, el Reino Unido (que es: Escocia, Inglaterra y Gales unidas) ya se había formado. Pero los escoceses de las Highlands querían que gobernara un rey escocés, no inglés. Liderados por su Príncipe Carlos Eduardo Estuardo (Bonnie Prince Charlie), intentaron sin éxito deponer al Rey Jorge II de Gran Bretaña. Un ejército de 7.000 Highlanders fue derrotado el 16 de abril de 1746 en la famosa batalla de Culloden Moor.

Es esta misma batalla la que indirectamente da origen a esta hermosa canción. Tras la batalla, muchos soldados escoceses fueron encarcelados en el castillo inglés de Carlisle, cerca de la frontera con Escocia. "Loch Lomond" cuenta la historia de dos soldados escoceses que fueron encarcelados de este modo. Uno de ellos iba a ser ejecutado, mientras que el otro iba a ser liberado. Según la leyenda celta, si alguien muere en tierra extranjera, su espíritu viajará a su tierra natal por "el camino bajo", la ruta para las almas de los muertos. En la canción, el espíritu del soldado muerto llegará primero, mientras que el soldado vivo tomará el "camino alto" por las montañas para llegar después.

La canción es desde el punto de vista del soldado que será ejecutado: Cuando canta "tú tomarás el camino alto y yo tomaré el camino bajo", en efecto, está diciendo que tú volverás vivo y yo volveré en espíritu. Recuerda su pasado feliz, "By yon bonnie banks ... where me and my true love were ever wont to gae [used to go]" y acepta con tristeza su muerte "the broken heart it ken nae [knows no] second Spring again".

(Recuerda su pasado feliz, "Por esos bancos de Bonnie... donde mi verdadero amor y yo solíamos ir [acostumbrados a ir]" y acepta con tristeza su muerte "el corazón roto no sabe que no hay segunda primavera otra vez")

Ahora la canción tiene un significado totalmente nuevo para mí. Por supuesto, sigue teniendo una melodía hermosa y atractiva. Pero conocer la historia que hay detrás de la letra hace que me resulte aún más triste. Me pregunto cuántos poemas se habrán escrito a lo largo de la historia de la humanidad. ¿Cuántas canciones se han cantado sobre las consecuencias de la guerra? Nuestra historia escrita, desde el principio, ha estado llena de los horrores que nos hemos infligido a nosotros mismos con nuestras guerras. ¿Cuántas veces alguien ha tomado el camino más bajo para no volver a encontrarse con su verdadero amor? ¿Cómo podemos evitarlo? Creo que es algo sobre lo que merece la pena reflexionar y luchar. No sólo vivir en paz y armonía unos con otros, sino con todos nuestros "compañeros terrícolas" y con nuestro magnífico planeta, la Madre Tierra.

PASAJE 9

Creciendo

Escribí este artículo hace algún tiempo. Supongo que, hoy en día, algunos de los puntos se denominarían mi lista de cosas que hacer antes de morir. Fue escrito mucho antes de que se acuñara el término. Algunos de los puntos son trascendentales, intencionadamente. Otros pertenecen a la categoría "no hace daño querer". Es un dicho que mi mujer ha utilizado conmigo de vez en cuando. Se lo transmitió su abuelo. A veces puede ser muy profundo. Hay cosas que otros tienen que decidir si ya las he cumplido o si estoy en proceso de cumplirlas o no. Desde luego, espero haberlo hecho. Otras cosas todavía están por hacer, junto con muchas cosas nuevas que añadir a la lista. Afortunadamente, la vida es dinámica y está llena de buenas sorpresas. ¿No es maravilloso?

Una amiga me preguntó el otro día: "Bueno, ¿qué te gustaría hacer?". Creo que no estaba preparada para mi respuesta.

Me gustaría: hacer una operación que salve la vida de alguien, cazar huesos de dinosaurio en Montana, explorar las islas Galápagos y hacer esquí acuático en el lago Michigan, quiero ver el Partenón y tocar Stonehenge, quiero montar a caballo donde lo hizo el rey Arturo y practicar la hechicería como Merlín.

Quiero volver a ver el mundo con los ojos de un niño. Quiero hacer reír a la gente. Quiero escribir un poema que tenga un significado diferente cada vez que lo leas. Quiero ser un buen padre. Quiero que el mundo sea un lugar mejor porque yo estuve en él. Quiero amar a una mujer tanto que duela, y que ella me corresponda. Quiero ver una lluvia de meteoritos y una lluvia de sol. Quiero colmar de calor y bondad a las personas que quiero. Quiero ser una buena persona. Quiero ayudar.

Quiero pescar un sábalo de cien libras y soltarlo. Quiero volar como el viento y cultivar flores. Quiero madrugar y acostarme tarde. Quiero ser inteligente. Quiero vivir la vida al máximo, y que cada día sea una nueva y emocionante aventura.

Wiglaf - Esperanza de futuro

Hace algún tiempo, escribí sobre un poema que leí por primera vez en mi clase de Literatura Inglesa de 11º curso, "A un ratón", de Robert Burns. Esta clase me abrió un mundo nuevo. La profesora era una gran conocedora y apasionada de la literatura inglesa. Hacía que la poesía y la prosa cobraran vida. Hizo muchos viajes a Inglaterra para visitar los lugares donde vivían los poetas románticos y otros y donde escribían sus historias o poesía. Llevaba su pasión y amor por la literatura inglesa a todas las clases. Fue una de esas personas en mi vida que me abrió una puerta. Compartiré muchas más historias con ustedes sobre mi tiempo en una de mis clases favoritas, pero esta vez, quiero compartir mis pensamientos sobre un poema heroico en particular que estudiamos: Beowulf.

Lo que más me llamó la atención de Beowulf desde la primera vez que lo leí fue el papel que desempeñaba Wiglaf en el relato épico. Por supuesto, Beowulf es el héroe. El intrépido guerrero salva el día no una sino dos veces matando al monstruo Grendel y luego a la madre de Grendel. Después de estos actos heroicos, Beowulf se convierte en rey y gobierna durante cincuenta pacíficos años. Y así el cuento podría terminar aquí, con Beowulf, un verdadero héroe y un gran líder. Pero, al igual que ocurre con la humanidad, la historia no acaba aquí. Hay un continuo. Como dirían Sonny y Cher, "The Beat Goes On".

https://www.youtube.com/watch?v=u6l2jnazVFM.

Cuando leí la parte final de esta extraordinaria historia, me vino a la mente la imagen de Beowulf dándolo todo una vez más para matar al dragón, pero fracasando lentamente, y Wiglaf corriendo colina arriba para ayudar a su maestro, su mentor, con la luz del sol brillando a través de las oscuras nubes sobre él, Wiglaf, la esperanza del futuro. Siempre he deseado poder recrear esta escena en un lienzo. Captar el sentimiento solemne pero triunfante de la humanidad pasando la antorcha, por así decirlo, a las generaciones más jóvenes, los nuevos salvadores de nuestro gran viaje, la esperanza del futuro.

Por desgracia, no soy artista. Se me dan bien las esculturas tridimensionales, pero no consigo plasmar las perspectivas adecuadas en la superficie de una página. Tal vez, alguien por ahí le gustaría capturar este momento en el papel.

Wiglaf corriendo colina arriba para ayudar a su amo, su mentor, con la luz del sol brillando a través de las oscuras nubes sobre él.

Poesía antigua

He encontrado una carpeta con poemas que escribí hace muchos años. Los poemas parecen ser tan convincentes hoy como lo fueron hace años, al menos para mí. Espero que les resulten interesantes, y tal vez les hagan detenerse y tomarse un "tiempo para pensar".

Juventud perdida

Hace mucho tiempo, hace mucho tiempo
Había un cierto tipo de magia en la vida
Que te permitía ver el sufrimiento
Sin sufrir tú mismo
Que te permitía herir
Sin sentir el dolor
Que te dejaba ver la muerte
Pero sintiéndote indestructible
Que te dejaba estar en paz
Cuando todo a tu alrededor era un caos
Oh, cómo deseo aquellos días pasados,
Cuando podía reír, cuando podía llorar
Cuando todo era tan importante
Pero nunca realmente importó

Libertad

La libertad llega con el comienzo de la primavera
Tus colores realmente se muestran entonces
Expresados al máximo
Libres del calor y la conformidad del verano
No encadenados por los vientos fríos del otoño
O las pesadas nieves del invierno

Tiempo

Tiempo para respirar, tiempo para pensar
Tiempo para reír... y llorar
Tiempo para vivir con la Tierra
y alcanzar el cielo
Tiempo para ralentizar
El mundo no me pase de largo

Melodía Feliz

Las hojas soplan con la brisa
El sol me ilumina
Los pájaros cantan en los árboles
Soy tan feliz como se puede ser

PASAJE 10

A todos nosotros

A un ratón - Cómo voltearlo en su nido con el arado, noviembre de 1785, es un poema de Robert Burns.

"A un ratón"

(Traducido al español)

Pequeña, astuta, encogida y timorata bestezuela,

¡Oh, qué pánico hay en tu pequeño pecho!

No es necesario que te vayas tan apresuradamente

¡Con parloteo argumentativo!

No me gustaría correr y perseguirte,

con un arado asesino.

Realmente lamento que el dominio del hombre

haya roto la unión social de la naturaleza,

Y justifica esa mala opinión

Que te hace asustarte de mí,

tu pobre compañero nacido en la tierra

Y compañero mortal.

No dudo, a veces, que puedas robar;

¿Y entonces qué? Pobre pequeña bestia, ¡debes vivir!

Una espiga en veinticuatro gavillas
Es una pequeña petición;
Conseguiré una bendición con lo que queda,
y nunca me faltará.

Tu casita también está en ruinas.
Sus débiles muros los vientos dispersan.
Y nada ahora, para construir una nueva,
...de hierba verde.
Y se acercan los sombríos vientos de diciembre,
amargos y agudos.

Viste los campos desnudos y baldíos,
Y el cansado invierno acercándose rápidamente,
Y acogedor aquí, bajo la tormenta,
Pensaste en vivir,
Hasta que ¡crash! El arado cruel pasó
Por tu celda.

Ese pequeño montón de hojas y rastrojos,
te ha costado muchos mordiscos.
Ahora estás fuera, por todos tus problemas,
sin casa ni alojamiento,
...para soportar el goteo invernal,
y el frío de la escarcha.

Pero ratoncito, no estás solo,
en demostrar que la previsión puede ser vana:
Los mejores planes de ratones y hombres

A menudo se tuercen,

y no nos dejan más que pena y dolor,

en lugar de la alegría prometida.

Aun así, eres bendito, comparado conmigo.

El presente sólo te afecta a ti:

Pero, ¡oh! Yo, hacia atrás, pongo mis ojos,

...sobre perspectivas sombrías.

Y hacia adelante, aunque no puedo ver,

adivino y temo.

Soy medio escocesa, una Malcolm por parte de madre. También soy naturalista/ecólogo y un gran admirador de la poesía, los poetas románticos y el periodo romántico en Inglaterra. Burns fue un poeta prerromántico y es el poeta nacional de Escocia. Creo que es importante recordar el periodo histórico en el que escribió su poesía.

La primera vez que leí "To a Mouse" de Robert Burns fue en mi clase de Literatura Inglesa de undécimo curso. El poema me impactó a muchos niveles. Pude sentir el dolor que le causó a Burns descubrir que había arruinado el nido de este pobre ratón. Además, sentía que tanto él como el ratón estaban al mismo nivel como "compañeros nacidos en la tierra". Siento lo mismo por nuestros compañeros habitantes de nuestro planeta. Estamos todos juntos en esto. La profundidad de los sentimientos y la comprensión de la naturaleza humana en esta frase es abrumadora.

Hay mucho más que explorar en este poema. Creo que, por ahora, basta con situar a todos los seres vivos del planeta al mismo nivel en lo que respecta a compartir el planeta y a todos nosotros, plantas y animales, intentando cada día ganarnos la vida y sobrevivir.

Otra cosa sobre Robert Burns es que escribió "Auld Lang Syne" en 1788.

Diré esto, para alguien que fue, durante un periodo de su vida, un pobre granjero arrendatario. Alguien que no tenía las comodidades que muchos de nosotros disfrutamos hoy en día. Robert Burns, desde hace siglos, ha inspirado a la humanidad a apreciar que todos formamos parte de la naturaleza, a reflexionar sobre nuestras vidas y a ser lo mejor que podamos ser para no equivocarnos demasiado a menudo. Y a honrar nuestros sentimientos de nostalgia y amor por las viejas relaciones de tiempos pasados.

"A un ratón"
(Como lo escribió Burns en dialecto escocés)

Wee, sleeket, cowran, tim'rous beastie,

O, what a panic's in thy breastie!

Thou need na start awa sae hasty,

Wi' bickerin brattle!

I wad be laith to rin an' chase thee

Wi' murd'ring pattle!

I'm truly sorry Man's dominion

Has broken Nature's social union,

An' justifies that ill opinion,

Which makes thee startle,

At me, thy poor, earth-born companion,

An' fellow-mortal!

I doubt na, whyles, but thou may thieve;

What then? poor beastie, thou maun live!

A daimen-icker in a thrave

'S a sma' request:

I'll get a blessin wi' the lave,

An' never miss 't!

Thy wee-bit housie, too, in ruin!

It's silly wa's the win's are strewin!

An' naething, now, to big a new ane,

O' foggage green!
An' bleak December's winds ensuin,
Baith snell an' keen!
Thou saw the fields laid bare an' waste,
An' weary Winter comin fast,
An' cozie here, beneath the blast,
Thou thought to dwell,
Till crash! the cruel coulter past
Out thro' thy cell.

That wee-bit heap o' leaves an' stibble
Has cost thee monie a weary nibble!
Now thou's turn'd out, for a' thy trouble,
But house or hald,
To thole the Winter's sleety dribble,
An' cranreuch cauld!

But Mousie, thou art no thy-lane,
In proving foresight may be vain:
The best laid schemes o' Mice an' Men
Gang aft agley,
An' lea'e us nought but grief an' pain,
For promis'd joy!

Still, thou art blest, compar'd wi' me!
The present only toucheth thee:
But Och! I backward cast my e'e,
On prospects drear!
An' forward tho' I canna see,
I guess an' fear!

Domingo serpentino

Hace poco desenterré un relato corto que empecé a escribir hace muchos años, cuando estudiaba en la Universidad de Miami. Crecí en el sur de Miami junto con cuatro hermanos y dos hermanas. Éramos diez en total, incluidos mi madre, mi padre y mi abuela por parte de madre. Yo era el sexto de siete hermanos.

Mis padres trabajaban, así que mis hermanos y yo teníamos mucho tiempo libre después del colegio. Una de nuestras actividades favoritas era cazar serpientes en los campos de tomates abandonados cerca de casa. Llegamos a un acuerdo con el Dr. Haast, del Serpentario de Miami. Nos daba diez centavos por cada serpiente no venenosa que trajéramos. Así que nos pasábamos las tardes cazando serpientes y, casi todos los sábados por la mañana, las sacábamos de las jaulas que habíamos hecho para ellas en nuestro patio trasero, las metíamos en una vieja funda de almohada y se las llevábamos al Dr. Haast. Muchas veces llevábamos diez o veinte serpientes en la bolsa.

A mi pobre madre le aterrorizaban las serpientes, y sé que le preocupaba que nos hirieran o nos mordiera una serpiente venenosa cuando estábamos en el campo, pero nos permitía montar nuestras jaulas para serpientes en el patio trasero y nos llevaba, con las serpientes en una bolsa en el asiento trasero, a recoger nuestra recompensa. Estaba confabulada con nosotros, formaba parte de la banda. A menudo me he preguntado por qué nos dejaba emprender una aventura tan peligrosa. Creo que es porque nos quería mucho. Estaba dispuesta a dejar de lado sus miedos porque sabía lo mucho que disfrutábamos. Iba a trabajar todos los días, y sé que hubiera preferido quedarse en casa y pasar tiempo con sus hijos. Ahora que lo recuerdo, me doy cuenta de que mi madre confiaba en nosotros. Creo que esta confianza nos hizo sentirnos responsables de niños y nos ayudó a crecer para ser adultos responsables.

Mi hermano Pete era, con diferencia, el mejor cazador de serpientes. Era rápido como un rayo e intrépido. Por cada serpiente que yo atrapaba, Pete atrapaba diez, pero cuando nos repartíamos el dinero los sábados, Pete se aseguraba de que lo hiciéramos a partes iguales. Pete era sólo un año y cuatro meses mayor que yo. Mucha gente pensaba que éramos gemelos.

A medida que crecíamos, nuestros intereses cambiaban. En el instituto había deportes y chicas. Resulta que Pete era rápido como un rayo. Durante un tiempo tuvo el récord estatal de las 220 yardas. Yo nunca pude acercarme a la velocidad de Pete, pero podía correr durante mucho tiempo.

Más tarde, en la universidad, me aficioné a las carreras de fondo, algo que he disfrutado toda mi vida adulta. ¿No es curioso que dos hijos de la misma familia, tan cercanos, puedan ser tan diferentes?

Mientras estábamos en la universidad, Pete se casó. Él y su mujer vivían en Quail Roost Drive, cerca de donde crecimos. Era una carretera de subidas y bajadas sinuosas, tanto que, aunque condujeras despacio, parecía que estuvieras en una montaña rusa. Cuando llegabas a la carretera principal, sentías el estómago como si lo tuvieras en la garganta. Cuando éramos pequeños, mis hermanos y yo íbamos en el coche con mi madre por aquella carretera cantando "Onward Christian Soldiers", una de sus canciones favoritas. Ahora que lo recuerdo, Quail Roost Drive era mi carretera favorita cuando era niño.

Una tarde de verano, había jaleo en el jardín delantero de Pete. Los coches se habían parado en el arcén, y la gente de esos coches y algunos de sus vecinos estaban tirando piedras a algo. Era una pitón de tres metros. Pete consiguió que dejaran de tirar piedras y, por supuesto, atrapó a la pitón. Vino la policía y se llevó la serpiente al Serpentario de Miami. Al día siguiente, Pete recibió una llamada del Dr. Haast. ¿Le gustaría venir a ver su serpiente y ser su invitado por un día? La respuesta fue: "¡Sí, por supuesto!".

Pete llamó y me preguntó si me gustaría acompañarlos. Así que fuimos los tres a pasar la tarde del domingo al Serpentario. Sería como en los viejos tiempos.

Primero fuimos a ver la serpiente de Pete. Estaba en una jaula grande que tenía un frente de cristal. Había otra pitón del mismo tamaño en la jaula. Durante un rato nos costó averiguar cuál era la pitón de Pete, pero al final lo conseguimos. Era una serpiente muy grande.

Paseamos un rato por el serpentario. El sol brillaba con fuerza y hacía tanto calor que el aire estaba brumoso. Pasamos un rato observando a los jóvenes caimanes en su foso persiguiendo a las tortugas en el agua. Un caimán intentaba morder a las tortugas, pero cada vez que lo hacía le salía un chorro resbaladizo de la boca, como quien escupe pepitas de sandía. Aunque el caimán no se cansó de esto, finalmente nosotros sí.

Fuimos a la fosa donde estaban los caimanes y cocodrilos más grandes. Años antes, le habíamos traído al Dr. Haast un caimán moteado que pescamos en Old Cutler Road. Nos preguntábamos si estaría en la fosa, pero eso es otra historia.

El Dr. Haast se disponía a "ordeñar" algunas serpientes venenosas, arriesgando su vida una vez más por la investigación que realizó y por el antídoto que ha salvado tantas vidas en todo el mundo. Íbamos a mirar, pero decidimos que ya habíamos visto suficiente. Gran parte de la magia de nuestros días de caza de serpientes en la infancia había desaparecido.

Supongo que de niño me gustaba tanto pasear por el campo que decidí hacerme biólogo, ecólogo en realidad. Pete se hizo psicólogo. Trabajaba con niños con problemas. Siempre daba mucho de sí mismo para hacer felices a los demás, igual que mi madre. Pete murió muy joven. Dejó mujer y tres hijos pequeños.

Pienso a menudo en Pete y en cómo la vida es a veces como un viaje serpenteante. Un poco como mi carretera favorita, a veces te deja con el corazón en la garganta.

El viaje de la vida (inacabado)

Vi al Monstruo del Lago Ness
Sentado en un árbol
Dije, "Hola", mientras pasaba
Me dijo hola
Camino abajo
El devorador de gente púrpura estaba de pie
Decidí dejar el camino
Y me dirigí a través del bosque
Me resbalé con una cáscara de plátano naranja
Y caí en una orilla rocosa
Una marea carmesí me envolvió
Y ya no era azul
Apareció el sol amarillo dorado
Y prendió fuego a mi corazón
Quemaba tan brillante pero no emitía luz
Apenas se notaba que estaba ahí
Lo apagué con el profundo y oscuro vacío
De una tarde solitaria
Entonces todo se volvió negro, excepto las estrellas parpadeantes.
Hasta que el sol reemplazó a la luna
Y con el amanecer, llegó la lluvia
El agua me subió a la garganta
Decidí dejar este lugar
Y fui en busca de un barco
Navegué hasta una tierra lejana
Que estaba desolada y desnuda
Lo único que podía ver

Eran bombas atómicas cayendo por el aire

No pude quedarme, huí

Tan rápido como pude volar

Una nube pasó y me preguntó por qué.

"¿Por qué no?", fue mi respuesta.

Entonces el rayo rompió el cielo

Cayó al suelo

Un millón de pedazos blancos y azules

Y me quedé sin pegamento

Y cuando el sol brilló

Todo se volvió caliente y rojo

Escapé por un túnel oscuro y estrecho

No sabía adónde conducía

Me topé con una contradicción

Intentó arrastrarme

Dijo, "sí o no", yo dije no sé

Y todo empezó a dar vueltas

El suelo tembló y se sacudió

Las paredes se me vinieron encima

Pensé que mi vida había terminado

Cuando el perdón me liberó

Me encontré al borde de un camino

Junto a un oso de peluche

Le pregunté al oso: "¿A dónde lleva este camino?"

Él sólo dijo: «Pruébalo y verás»

Sólo hay una manera de averiguarlo,

Para deshacerte de tus dudas,

Y es intentarlo y ver,

y ver,

Y eso es probar y ver"

.

www.ingramcontent.com/pod-product-compliance
Lightning Source LLC
Chambersburg PA
CBHW051328120626
46547CB00015B/2450

GOOD VIBES 365

PRACTICAL PROMPTS FOR AWARENESS, WRITING, AND TRANSFORMATION

LAURA DI FRANCO